現代アジアの教育計画

Educational Planning Today in Asia

補巻

山内　乾史
杉本　　均
小川　啓一 編
原　　清治
近田　政博

学文社

執 筆 者

*杉本　　均　京都大学大学院教育学研究科教授（第1章）

　小原　優貴　東京大学大学院総合文化研究科/
　　　　　　　教養学部附属教養教育高度化機構特任准教授（第2章）

*近田　政博　神戸大学大学教育推進機構/大学院国際協力研究科教授（第3章）

　服部　美奈　名古屋大学大学院教育発達科学研究科教授（第3章）

　乾　　美紀　兵庫県立大学環境人間学部准教授（第3章）

　南部　広孝　京都大学大学院教育学研究科教授（第4章）

　石川　裕之　畿央大学教育学部准教授（第5章）

*原　　清治　佛教大学教育学部教授（第6章）

*山内　乾史　神戸大学大学教育推進機構/大学院国際協力研究科教授（第7章）

*小川　啓一　神戸大学大学院国際協力研究科教授（第8章，第9章）

　野村　真作　世界銀行上級エコノミスト（第8章）

　荘所　真理　世界銀行上級教育専門官（第9章）

（*は編者，執筆順）

はしがき

　本書は 2016 年に学文社より刊行した山内乾史・杉本均編『現代アジアの教育計画（上・下）』の補巻である．幸いに同書は学界において一定の評価をいただき，アジア地域の教育について考察するときの主要参考文献のひとつとしてあげていただく機会が多いようである．

　ただ，刊行後 10 年を経過し，データが古くなっているにとどまらず，根本的に教育計画や教育制度の見直しを行った国・地域も多い．もちろん，上下二巻本の全面改訂というのはとてつもない作業である．執筆者も 10 年前は若手研究者が中心であったが，今や学界においても本務校においても中核的な役割を担うようになっている方が多く，多忙を極めておられる．そこで，補巻としてこの 10 年の動向を中心にあくまでも既刊上下巻の情報を補うという形で，本書を出版させていただくこととなった．私が「途上国の教育」に関する書籍に関与するのは恐らくこれが最後になるだろう．執筆者各位にはお礼申し上げたい．また，いつもながら，温かいご配慮を賜っている学文社，特に田中千津子社長に御礼申し上げたい．

平成 29 年 11 月

神戸大学・鶴甲キャンパスの研究室にて

山内　乾史

目　　次

はしがき　　　　　　　　　　　　　　　　　　　　　　　　　　　i

第1章　ブータン王国における教育計画 …………………………………… 1
　1　ブータンの教育と教育計画　　　　　　　　　　　　　　　　　1
　2　教育計画としてのブータンの国民総幸福（GNH）　　　　　　10

第2章　インドにおける教育計画 ………………………………………… 23
　1　はじめに　　　　　　　　　　　　　　　　　　　　　　　　23
　2　教育計画の策定　　　　　　　　　　　　　　　　　　　　　24
　3　初等教育　　　　　　　　　　　　　　　　　　　　　　　　25
　4　中等教育　　　　　　　　　　　　　　　　　　　　　　　　29
　5　高等教育　　　　　　　　　　　　　　　　　　　　　　　　31
　6　おわりに　　　　　　　　　　　　　　　　　　　　　　　　35

第3章　東南アジアの教育計画と質向上のための課題 ………………… 40
　1　はじめに　　　　　　　　　　　　　　　　　　　　　　　　40
　2　ベトナムの教育計画と質向上への取り組み　　　　　　　　　41
　3　インドネシアの教育計画と質向上への取り組み　　　　　　　47
　4　ラオスの教育計画と質向上への取り組み　　　　　　　　　　54
　5　東南アジアの教育計画に関する問題点　　　　　　　　　　　60

第4章　中国の教育計画 …………………………………………………… 65
　1　はじめに　　　　　　　　　　　　　　　　　　　　　　　　65
　2　「中国教育改革・発展要綱」（1993）　　　　　　　　　　　　67
　3　「国家中長期教育改革・発展計画要綱（2010 – 2020 年)」（2010）　72
　4　考　察　　　　　　　　　　　　　　　　　　　　　　　　　78
　5　おわりに　　　　　　　　　　　　　　　　　　　　　　　　80

第5章　韓国における総合的な教育計画の特徴と限界 ………………… 84
　1　はじめに　　　　　　　　　　　　　　　　　　　　　　　　84
　2　70 年代の教育計画―「長期総合教育計画」―　　　　　　　　84
　3　21 世紀の総合的な教育計画―「国家人的資源開発基本計画」―　88
　4　21 世紀の教育計画の継続と挫折
　　　―「第2次国家人的資源開発基本計画」―　　　　　　　　　96
　5　おわりに―21 世紀の総合的な教育計画の特徴と限界―　　　103

第6章　日本における学習指導要領の改訂について考える―「正解主義」から
　　　　の脱却と，アクティブ・ラーニング導入による子どもたちの「息苦しさ」
　　　　に注目して― ……………………………………………………… 108
　1　はじめに　　　　　　　　　　　　　　　　　　　　　　　108

目　次　iii

　　2　教育への投資と新自由主義　　　　　　　　　　　　　　　110
　　3　家庭をとりまく教育格差の問題　　　　　　　　　　　　　112
　　4　教育がもたらす「新たな」格差　　　　　　　　　　　　　114
　　5　子どもたちの「息苦しさ」について考える　　　　　　　123

第7章　大学への進学移動パターンの変化について考える
　　　　―神戸大学を事例として―……………………………………126
　　1　はじめに　　　　　　　　　　　　　　　　　　　　　　　126
　　2　18歳人口動態の予測　　　　　　　　　　　　　　　　　　128

第8章　アラブの春とイエメンの教育計画 ………………………………140
　　1　はじめに　　　　　　　　　　　　　　　　　　　　　　　140
　　2　EFAアジェンダ開始後の教育計画の枠組み　　　　　　　141
　　3　政策課題の変遷と教育政策の実行　　　　　　　　　　　145
　　4　脆弱国家の苦悩：総合的教育開発ビジョンとアラブの春　152
　　5　おわりに　　　　　　　　　　　　　　　　　　　　　　　154

第9章　キルギス共和国の教育計画―教育開発戦略とその課題― ………157
　　1　はじめに　　　　　　　　　　　　　　　　　　　　　　　157
　　2　キルギスの教育システムの概要　　　　　　　　　　　　159
　　3　キルギスの国家戦略と教育開発　　　　　　　　　　　　160
　　4　教育の現状と課題　　　　　　　　　　　　　　　　　　　163
　　5　教育財政　　　　　　　　　　　　　　　　　　　　　　　165
　　6　教育戦略とオーナーシップ　　　　　　　　　　　　　　170
　　7　おわりに　　　　　　　　　　　　　　　　　　　　　　　172

　索　引 ……………………………………………………………………175

第1章

ブータン王国における教育計画

1 ブータンの教育と教育計画

ブータンの5カ年計画

　ブータン王国は中国とインドの国境ヒマラヤ山系に位置するチベット仏教系国家である．人口72万 (2012) のうち約8割がチベット系，残りの2割がネパール系住民である．経済的には一人当たり GDP は 2,300US ドルで後発開発途上国 (LLDC) に分類されている．ブータンに西洋型の近代教育が導入されたのは 1950 年代で，王族など一部の者にのみ開かれており，その他大部分の教育は仏教寺院に付属する僧院で行われていた．

　同国は 1907 年から世襲の君主制をとってきたが，第5代国王ジグメ・ケサル・ナムゲル・ワンチュック (Jigme Khesar Namgyel Wangchuck) の即位の後に 2008 年立憲君主制への移行が行われ「ブータン王国憲法 (The Constitution of the Kingdom of Bhutan)」の制定とともに普通選挙が実施された．ブータンの教育計画は 1961 年からインド政府の財政支援を受けた第1次5カ年発展計画 (First 5-Year Development Plan, 1961-1966) の一部として開始された．その後5年ごとに改訂され，2013 年には第 11 次5カ年計画 (Eleventh Five Year Plan, 2013-2018) が施行された．

　このような近代教育制度の整備と拡大に5カ年計画をはじめとする教育計画

は大きな推進力となってきた．5カ年計画のなかでも教育整備には高い優先順位が与えられ，幹線道路整備に次ぐ予算が教育分野に配分された．これにより59校の学校が国内に建設され，就学生数は3,000人に達した[1]．このなかには1961年に設立された仏教哲学・文化・言語を近代的学校システムのなかで教育・訓練する言語文化学院（現在の王立ブータン大学言語文化学部）や，ブータン最初のパブリックスクールも含まれていた．

　第2次5カ年計画までに102校の学校が設立され，就学生数は9,000人にまで拡大したが，一般学校の教師のはとんどがインド人であった．その結果ブータンの学校での授業言語は英語が一般的となり，1947年の独立後も一部科目を除き，英語による学校教育が継続された[2]．最初の教員養成校である教員養成学院が南部に設立され，国内での教員養成を開始したのが1968年である．

　1972年第3代国王のケニアでの急死から2年間，摂政を置いたのち，第4代国王のジグメ・シンゲ・ワンチュック（Jigme Singye Wangchuck）が18歳の若さで戴冠した．彼は宮殿でのチューター式の個人教授による教育を受けて育ち，その後インドと英国のカレッジに留学し，1970年に帰国後も王室付属の学校でブータン式教育を継続して受けた．それとともに，皇太子の時代より政府の重要な会議に臨席し，父に伴って世界各国を歴訪し，将来の国王としての実践的訓練と国際感覚を身につけた[3]．この開明的な君主のもとで，ブータンは鎖国政策を完全に撤廃し，1983年には国際航路も就航した．1990年からは衛星通信による国際直通電話が導入され，1999年からはテレビ放送も開始されている．　国王は先王の5カ年計画を引き継ぐとともに，第4次以降の5カ年計画を継続的に推進し，第6次5カ年計画（1986-1991）の時代には，英国などの協力により，初等教育レベルに児童中心型・活動中心型カリキュラムである，NAPE（New Approach to Primary Education）プログラムが導入された．

　2006年に第5代国王ケサル・ナムゲル・ワンチュック（Jigme Khesar Namgyel Wangchuck）が即位し「ブータン王国憲法」の制定とともに普通選挙が実施された．これによって2008年，国王親政が終了し2008年立憲君主制へ

の移行が行われた．以後ブータンの教育政策は首相と教育大臣および議会によって策定されることになったが，依然として王室の影響力は継続した．新政府のもとで　第10次5カ年計画（2008-2012），第11次5カ年計画（2013-2018）[4]が推進されたが，教育政策としては第12学年試験の実施や私立カレッジの認可など，国民の高学歴化への対応が中心となっており，10学年修了者，学卒者の雇用の問題が深刻化している．

初等・中等教育

　ブータンの教育制度は世俗教育体系と宗教教育体系の二重制度になっている．ブータン王国の世俗教育体系は6-2-2-2で表されるとおり，標準学齢7歳から6年間の小学校（Primary School=PS）のあと，前期中等教育（Lower Secondary School=LSS）2年間，中期中等教育（Middle Secondary School=MSS）2年間，高校（後期中等教育）（Higher Secondary School=HSS）が2年間と続いて，そのあとは大学など高等教育に接続する．

　小学校1年での総就学率は2013年の時点で116％であるが，児童生徒のなかには高年齢就学者が28.1％おり，これは学年が上昇するにつれて以後の留年によってさらに上昇し，最終学年では55.7％に達する．これらを除外して標準年齢で就学している児童の人口比率を求めた就学率（正就学率 =Net Enrolment Ratio）は96％（男子95％，女子96％）である[5]．同様に前期および中期中等レベル（VII-X）の正就学率は86％（男子82％，女子89％）であり，後期中等学校（XI-XII）への正就学率は23％（男子21％，女子25％）である．男女比はほぼ均等に達成しており，ジェンダー格差指数（GPI=Gender Parity Index）は0.97（HSS）から1.01（PS）とほぼ均衡している[6]．学校数は小学校が347校，前期中等学校が92校，中期中等学校が61校，後期中等学校が53校であるが，ブータンの場合，学校の名前は同じまま上級学年を新設して昇格するシステムをとっているため，その学校体は複数のレベルの学校を含むことがある[7]．

　児童・生徒数を本務教員数で割った児童・生徒教員比率（S/TR）は全国，全

表1-1　ブータンの初等・中等教育基本統計2013年度

	学年	学校数 （私立）	生徒数 （女子%）	正就学率	教員数	S/TR*	学級規模
小学校（PS）	1-6	347 (12)	47,439 (49.5)	0.96	2,495	20	17
前期中等学校（LSS）	7-8	92 (1)	47,244 (50.1)	0.86	2,114	21	32
中期中等学校（MSS）	9-10	61 (2)	41,116 (51.0)		2,005	19	32
後期中等学校（HSS）	11-12	53 (17)	33,520 (50.7)	0.23	1,779	19	45

注）*S/TR=student teacher ratio　生徒教員比率
出所）PPD MoE（Annual Education Statistics）2013；学校分類はブータンのカテゴリーによ
る．PS=Primary School, LSS=Lower Secondary School, MSS=Middle Secondary School,
HSS=Higher Secondary School

レベル平均で21であった．第11次5カ年計画によれば，すべての学校におい
てS/TRを24以下にすることを目標にしており，78%の学校はこの目標をク
リアしていた．しかし，一方で教員派遣の困難な遠隔地や，急速な都市人口の
増加に直面するブータンでは地域による格差が大きく，S/TRが50を超える
学校も14校存在していた．ひとクラスの児童生徒数である学級規模はブータ
ン全国平均で22であったが，都市部では35を超えている[8]．

　総就学率と正就学率の差が示すとおり，ブータンの初等・中等教育における
留年率の高さと高年齢児童・生徒の存在が学校教育の効率性を阻害してきた．
2013年度の就学前クラスから第10学年（中期中等学校修了）までの平均留年率
は各学年4.8%，退学率は4.5%であった．累計で小学校の児童数の18%を高
年齢児童が占めており，標準年齢児童の比率は81%に過ぎない．しかし，過
去からの変化をみると，2002年度の留年率は平均13%，退学率は5%であっ
たものが，2012年度にはそれぞれ5%と2.4%に低下しているので，長期的な
改善傾向はみられる．男女別では，男子のほうが女子よりもすべての学年で留
年率が1ポイントから3ポイント高くなっていた[9]．

　児童生徒の就学継続を高める努力として，児童生徒にフレンドリーな学校の
導入，体罰の禁止，遅れのある児童生徒への補習クラスの提供，経済的に問題

のある児童生徒への財政援助，両親や保護者との懇談，食事つきの寄宿舎（寮）の提供，学校施設の改善による児童生徒の学校への関心を高める工夫などが行われてきた．

　児童生徒の退学の原因は，家庭の経済的困難および児童生徒の家庭での労働の必要性，両親の離婚や不仲，失業などによるケアの不足，同年代の若者からの悪影響（男子），宗教施設（僧院など）への転校，健康の問題，通学距離などの問題があげられていた[10]．

無償教育

　後発開発途上国に分類されるブータンの教育制度が，初等教育から高等教育に至るまで原則無償を維持していることはその大きな特徴として説明されている．ここでいう教育費用とは授業料だけでなく教科書，文具，給食，寄宿費用も含めたものである．実際には1993年から都市部の家庭の学校費用について家庭とのコストシェアリングを開始した．また一般的にすべての10学年までの児童生徒から，わずかではあるが学校施設費（school development fund）（小学校が年30Nu.（ニュルタム），LSSが100Nu.，MSS以上で200Nu.）が徴収されている．なお高等教育については，選抜的な政府奨学金を受けた学生以外にも，自費負担学生の入学を認めており，その比率は16%に達している[11]．

　経済的に最貧国に属するブータンがこのような無償教育を提供できる背景は，国際援助にあると考えられる．ブータンの主要外貨獲得産業は電力で，電力セクターのGDP構成比は19%である．個人所得税は最高25%までに抑えられており，免税となる所得は10万Nu.で，納税人口がきわめて限られている[12]．ブータンが受け取っている国際（DAC）ODA二国間援助総額は2010年には7,610万US$に達しているが，これはブータンの政府歳入の27%程度にのぼっている．この総額はネパールやバングラデシュが受け取る国際援助額に比べるともちろんはるかに少額であるが，その援助は国家の人口規模に忠実に比例しているというわけではない．一般的に国家当たりの基礎援助額があるの

で，小さい国ほど国民一人当たりが受け取る援助額は多くなるが，ブータンはさらにその文化的特異性と国際的なプレゼンスのゆえに，国際機関から注目を集めやすい性格もあり，多くの援助が流れ込んでおり，2010年の一人当たり援助受給額は104.2US$ に達する．これはネパールの5.9US$，バングラデシュの5.9US$，パキスタンの13.9US$ に比べるといかに大きいかがわかる．ブータンの無償教育実現の背景のひとつはこの一人当たりの援助額にある[13]．

表1-2　南アジア諸国への二国間ODA援助額と一人当たり受給額（2010年USドル）

	インド	スリランカ	ネパール	パキスタン	バングラデシュ	ブータン
ODA 援助額	2,219	385	175	2,115	883	76
人　口	1224.61	20.65	29.96	173.54	148.69	0.73
一人当たり額	1.81	18.67	8.87	13.91	5.94	104.24

出所）注13を参照

　2011年度の政府歳出にしめる教育支出は17％で，単独の費目としては最大の配当となっている．そのうち初等教育に15.2％，中等教育に27.5％，高等教育に19.1％，ノンフォーマル教育・教科書・スポーツ関連に2.6％が割り当てられていた．小学校児童一人当たりの政府教育支出は12,382Nu.，寄宿生は21,200Nu.，前期，中期，後期中等学校生徒一人当たりではそれぞれ，19,396Nu.，46,007Nu.，55,021Nu. であった[14]．

　第11次5カ年計画における初等・中等教育諸指標の現状と到達目標は以下のとおりである．

表1-3　第11次5カ年計画における初等・中等教育諸指標の現状と到達目標

	現　状（％）	到達目標（％）
初等正就学率（僧院含まず）	96	98
中等正就学率（13-16歳）	94	96
就学前教育・保育	5	10
初等教育残存率（〜6年）	98.3	100
中等教育残存率（〜10学年）	85.1	100

出所）*Eleventh Five Year Plan 2013-18*，2013，p.198，p.202

英語による教育

　ブータンでは全国の小学校1年から国語と歴史（および一部学年の環境科）科目を除くすべての授業が英語媒体で行われている．これは1961年，第一次5カ年計画時代に多くの学校が開校し，当初の教員不足を外国人教員で補ったこと，また高等教育機関が未整備であった当時のブータンでは，外国への進学が必要であったことから始まった[15]．しかし，このことは結果的にブータンの国際化には大いに貢献した．また国際援助を必要としていたブータンにとって，外国からの教育視察やフィードバックが英語で行われることは不利なことではなかった．国営新聞クエンセル誌（Kuensel）もゾンカ語と英語とネパール語で発行され，1999年に開始されたブータン放送公社（BBS）によるテレビ放送もゾンカ語と英語で行われている．

　ブータンの若者が英語能力を獲得することによって，共通のコミュニケーション手段を獲得し，さらにはインターネットの普及とあいまって世界の英語圏の情報や文化へのアクセスを可能にし，ブータンからの世界への情報発信が可能になった．2000年のブータンにおける言語使用状況は，会話においては英語が42％に対してゾンカ語・チェーキー語（仏典言語）は41％と拮抗しているが，読みにおいては英語が80％，伝統言語が19.2％，書きにおいては英語が80％，伝統言語が19.5％と英語が優勢となっている[16]．

　英語は国際語であると同時に西洋を主体とする言語であり，その構造そのものが西洋的な思考形態や文化様式，場合によっては宗教的価値と不可分に成立しており，その純粋に文化中立的な学習は不可能である．さらに英語による膨大な情報の流入は，インターネットの普及と組み合わされて，若者に「有害」とされるさまざまな情報をもたらし，ブータンの文化的・宗教的・社会的価値を毀損するまでの影響力を持ち始めている．さらにタシ・ザンモ（Tashi Zangmo, 2004）の指摘するように，教育用語としての英語の採択が，国内均一の学習条件が保証されないままに行われたために，国内に2つの格差を生み出しつつある．すなわち（1）世代間の格差と（2）国内地域間の格差である．英語

のもたらす情報量の格差と文化的格差の両方が，この2つの側面において国家を分断することになる[17]．

第11次5カ年計画に設定された各科目の平均スコア到達目標は以下のとおりである．

表1-4　第11次5カ年計画に設定された各科目の平均スコア到達目標

	現　状	到達目標
初等6年英語スコア	48.3	60
初等6年算数スコア	46.1	60
初等6年国語スコア	60.0	70
初等6年理科スコア	43.7	60
中等10年英語スコア	54.1	60
中等10年数学スコア	51.9	60
中等10年国語スコア	67.0	70
中等10年理科スコア	50.3	60

出所）*Eleventh Five Year Plan 2013-18*（2013）p.202

高等教育

ブータンの教員養成はパロとサムチの2つの教育カレッジにおいて行われている．パロのカレッジは1975年設立で，初等教員の養成を中心に行ってきた．サムチのカレッジは1968年に発足し，1982年からは国立教育学院（National Institute of Education）として主として中等教員と国語教員の養成を担ってきた．1989年からは1年間の大学院課程を開設した．両カレッジは2003年からブータン王立大学教育カレッジ（教育学部に相当）として高等教育機関に昇格した．2012年現在の学生数（教員志願者数）はパロで661人，サムチで515人，合計1,176人である[18]．

初等・中等学校の教員になるためには，第12学年（HSS）を卒業して，フルタイム4年間の教育学士号（B.Ed.）のコースを修了しなくてはならない．1学期間の教育実習と，正規の教員になる前に1年間の見習い期間がある．パロで初等149人，中等21人，サムチで初等129人，中等129人の定員があり（2011年度），教育学修士（M.Ed.）は学卒後，パロの5年間のフルタイムコース，卒後

ディプローマ（PGCE）はサムチの卒業後 1 年間のフルタイムコースで，HSS 教員や管理職を養成している．かつて 2 年間の初等教育免許（PTC）と国語教員免許（ZTC）コースが存在し，2003 年に廃止されたが，現在でも教員の 5％を占めている．一部に教員不足を補うために地域教員と呼ばれる教員が 2012 年度で 116 名採用されており，HSS 卒の資格で出身地の学校で教えている．

　高等教育レベルでは，これまでカンルンの理工カレッジ，サムチとパロの 2 つの教育カレッジ，シムトカの言語文化カレッジなど 10 の単科カレッジが国内に分散していた．2003 年にこれらをサテライトキャンパス形式で統合し，悲願のブータン王立大学（Royal University of Bhutan）の設立をみた．2008 年現在，教育，ビジネス・経営，コンピューター IT，農業および応用科学，物理・工学，保健，人文・社会科学，絵画・デザイン・コミュニケーションの 8 つの学位コースにおいて 8,472 人の学生が学んでいる[19]．

　ブータン王立大学の本部管理棟はティンプーにあり，学長局に 43 名のスタッフをかかえている．ここには学長の他に事務局長と 3 名の部長，教務部長，施設部長，研究外務部長がいる．大学の最高決議機関である大学理事会は，議長（副学長）と 2 名の学生代表を含む 18 名の理事と 1 名の秘書からなる．この本部管理棟を中心に，11 の構成カレッジは全国に分散しており，総合大学の学部に相当する地位を持ち，その様子はカレッジの曼荼羅と表現されている[20]．高等教育に関して，第 11 次 5 カ年計画で設定された到達目標は以下のとおりである．

表 1-5 第 11 次 5 カ年計画で設定された高等教育の到達目標

	現　状	到達目標
高等教育進学率（％）	33	40
対男性女性比率（％）	71	90
高等教育機関カレッジ数	13	17
自費負担学生比率（％）	12	30
高等教育国内学生比率（％）	70	80

出所）*Eleventh Five Year Plan 2013-18*（2013）pp.208-9

10

　ブータンでは急速な教育制度の発展に，国内の産業構造の発展が追い付いて
おらず，急増する中等教育，高等教育卒業生の就職の受け入れ先が不足してい
る．ブータン社会全体での失業率は 2012 年で 2.1％とさほど大きくないが，若
年失業率だけをみると，同年 7.3％，さらに都市部に限ると 13.5％と高水準で
ある[21]．Education for All などの国際会議や国際援助機関の推進する就学率
向上のキャンペーンは，途上国に資金とノウハウをもたらし，疑うことのない
社会善として，教育の完全普及を目指して推進してきたが，そのアウトプット
である卒業生を（それなりの待遇で）受け入れる雇用規模の成長を無視した教育
計画は大きな社会問題を生み出すことにもなりかねない．

2　教育計画としてのブータンの国民総幸福（GNH）

国民総幸福（GNH）

　以上のようにブータン王国は過去 50 年間にわたって，11 次に及ぶ 5 カ年計
画の一部として教育インフラの拡充を目指した教育計画を推進してきた．しか
しブータンの教育政策の特徴は，特に 2000 年以降，インフラの整備にとどま
らず，国民の精神的価値にまで踏み込んで，特定の価値観を植え付け，目標を
実践するための社会機構としての役割を学校教育制度に与えてきたことである．
それが国民総幸福（GNH）である．

　第 4 代国王ジグメ・シンゲ・ワンチュック（Jigme Singye Wangchuck）は
国家開発計画の中核概念として，1970 年代に「国民総幸福（Gross National
Happiness）」の概念を提唱した．「国民総幸福量（GNH）は，国民総生産（GNP）
より重要である」という言葉により，既存の物質的繁栄や経済的成長を中心と
した開発を否定し，仏教に根ざし，ブータン文化に立脚した持続的発展と近代
化の方向を提示した．『ブータン 2020 年の展望』（Bhutan Vision, 2020）によれば，
「幸福」とは，「すべてのブータン人が，その人間としての生得の潜在的可能性
を十分に実現することを可能にすること」であるとされている[22]．

この言葉が国際的な場で表明されたのは 1976 年，第 5 回非同盟諸国会議で同国王が「国民総幸福量 (GNH) は，国民総生産 (GNP) より重要である」というスピーチにおいてである．これにより物質的繁栄や経済的成長を中心とした開発を再考し，仏教に根ざし，ブータン文化に立脚した持続的発展と緩やかな近代化の方向を提示したとされる[23]．ブータンの GNH 概念は，「より多くの富を持つことによって，人々はより幸福になるのであろうか，という根本的な問いを我々に投げかけ[24]」，これまでの西洋を中心として議論されてきた開発の定義への挑戦と捉えられた．また，それが一国の元首である国王自身によって提起されたことに，国際社会は大きな関心を寄せた．

2008 年に制定された「ブータン王国憲法」の「第 9 条，第 1 項：世界の平和と友誼に貢献する進歩的で繁栄するブータンの国民の高品位な生活を保証するために，政府は本章に定める国家政策原理を実行に移すよう努める．第 2 項：政府は国民の総幸福量 (GNH) の追求を可能にするような環境整備に努める」「第 11 条，第 2 項：すべての発展活動の最終目的は GNH の達成でなければならない」として GNH という文言が実際に盛りこまれた[25]．この定義もないまま，憲法に盛り込まれた GNH をどのように解釈してゆくのかが大きな問題となる．

GNH と教育政策

この時点でブータンの教育政策を規定する国家政策は第 10 次 5 カ年計画 (2008-2013) であったが，その前文において，これからの 5 カ年は第 5 代新国王のもとで「国民総幸福の達成という挙国目標を含む長期的発展への新たな応答とアプローチ」にための期間として明確に位置づけられている．GNH という言葉はすでに第 7 次 5 カ年計画 (1992-1997) から頻繁に登場するようになっている．しかし，この計画の教育の章に限ると 1 件の GNH の記述も見られない．すなわち，GNH と教育の関係は，この時点では政策やシステムのレベルでは公的には説明されていないことになる[26]．

12

　この意欲的で壮大な国家目標の実現のために，GNH 概念を精緻化し，政策に降ろすための作業を担っているのが，1998 年に設立されたブータン学研究所 (Centre for Bhutan Studies = CBS) である．GNH 政策の推進に果たす教育の役割が初めて公的に示されたのは 2008 年 11 月，新国王の戴冠式に合わせて，CBS によって発表された GNH インデックス (GNH Index, 2008) である．GNH の基本的な 4 つの戦略的政策として，① 公正で持続可能な社会経済発展，② 環境保全 (国家への愛と尊敬)，③ 文化遺産の保存と促進，④ よい統治，が設定され，それを実現する 9 つの次元とその構成細目が示された．すなわち① 心理的幸福感，② 時間の活用，③ 地域活力，④ 文化，⑤ 健康，⑥ 教育，⑦ 環境的多様性，⑧ 生活水準，⑨ 統治である．これらのインデックスは，それぞれ 2 ～ 4 個のインディケーター (細目) を持ち，計 33 個のインディケーターが設定された．たとえば，「教育」インデックスには，(1) 就学，(2) 識字，(3) 価値，(4) 知識，という 4 つのインディケーターが示された[27]．

　この GNH インデックスに基づいて，ブータン学研究所によって 2010 年 GNH 調査が行われ，その結果が 2012 年に「GNH インデックス大規模調査分析」の形で発表された．調査の回答者は全国全ゾンカ (地区) の 15 歳から 98 歳 (平均 41 歳) の 7,142 人で，男性 48％，女性 52％であった．その結果，ブータンの人びとは大変幸福と答えた人は 8.3％，かなり幸福と答えた人は 32.6％で，やや幸福と答えた人は 48.7％で，肯定的な意見の合計は 89.6％と高い値を示した．(インデックスは 0.743) 9 つのインデックスのブータン人の幸福感への寄与率は以下のとおりで，健康の寄与率が最も高く (14.1)，教育の幸福への寄与率も具体的に示された (9.1)[28]．

　GNH インデックスに続いて開発されたのが，GNH 政策・プロジェクト判定ツール (GNH Policy and Project Screening Tool) であった．これはブータンの指導原理 GNH をどのように具体的な政策やプロジェクトに翻訳していくのかを示す重要なツールであった．「我々は GNH という指導原理に照らして実際に正しい方向に進んでいるのかどうかを判定するツールを必要としていた[29]．」

まず，政府によって新たに策定されるすべての政策やプロジェクトが22の判定項目に基づいて4段階評価された．22の項目とは，GNHの9つのドメインに基づく，公正さ（Equity），経済的保証（Economic Security），性的平等（Gender Equality），人権，法的整備，環境負荷，文化保護，スピリチュアルな向上（Spiritual Pursuit），ストレスなどである．それぞれの項目について，各分野や職業から10人から15人の専門家に4段階で判定を依頼した．すわわち4件法により否定的1，不明確2，中立3，肯定的4のポイントが与えられる．集計して66ポイント以上，すなわち平均で中立判定以上の政策やプロジェクトが認可されることになる．このシステムによって，2010年から2012年にかけて国家高等教育政策（2010）や国家保健政策（2012），代替再生エネルギー政策（2012）など12の政策が認可された[30]．

教育とGNH

　幸福という到達目標は社会のあらゆる場面において追及されるべきであるが，とりわけ若者の意識に働きかける学校という場は重要である．一口に教育の目的といっても，個人的な目的もあれば，社会的な目的もあり，教育段階や教育領域・科目によっても異なるし，時代によっても変化する．やや乱暴に公教育の国家的目的と限定しても，さまざまな規定が知られるが，「幸福の増進」を公教育の目的として掲げる国は筆者の知る限りで，ブータン以外に存在しない．一般的な公教育の目的としては，たとえば「学習者の人としての成長を支援し，社会の一員として倫理的な責任能力を醸成する」（フィンランド基礎教育法），「自己を知り，自律的に判断し，学習に忍耐と自信と責任を持ち，集団において効果的，指導的，革新的な，社会に根を下ろした知識ある市民」の育成（シンガポール教育省，教育の望ましい成果）などといった表現が見られる．わが国の場合，教育基本法には教育の目的として「人格の完成を目指し，平和で民主的な国家及び社会の形成者として必要な資質を備えた心身ともに健康な国民の育成」（第一条）が掲げられている[31]．

すなわち一般に，教育が与えるものは知識や技能であり，あるいは資格であり学歴であり，さらに踏み込んでも人格や人間の形成が目的として設定できる限界と考えられる．すなわち，ブータン政府による国策としての幸福の追求と，その手段としての公教育の規定は，教育が目指しうる目的として，その対象を人類において初めて具体的価値に一歩踏み込んだ試みといえる．ブータン教育省はGNHという国家目標に向けた社会・教育制度の拡充（外的側面）と教育内容のGNH化（内的側面）の両面からの追求を掲げ，総体的学校アプローチ（Whole School Approach）といわれる取り組み手法でそれに挑戦しようとしている．

これによって，学校教育を含めた，さまざまな教育機関や教育機会は，GNHの政策を推進するエージェントとして公式に認知されただけでなく，GNH実現の主要な柱のひとつとして重視されることになった．ブータンの学校のすべての教育カリキュラムはこのGNHエートスと価値が吹き込まれるものとなることが求められた．ブータン研究所所長のカルマ・ウラ（Karma Ura）は6番目に設定された「教育」と幸福の関係について，次のように説明している．「教育は市民の知識，価値，創造性，技能，そして市民としての意識の形成に貢献する．教育のような領域は，ただ単に教育そのものの成功を求めるだけではなく，集団全体としての幸福というゴールの実現するための効率性を測るものである[32]．」

ブータン教育省はGNH概念の教育へのインフュージョン（吹き込み）において，新しい科目を作るのではなく，ブータンの学校環境全体においてこの目標が追求されるべきであるとした．この総体的学校アプローチにおいて，授業，課外活動，学校行事，集会，ホームルーム，掃除，校舎や校庭などの学校環境すべての側面・場面において追求されてきている．そして，学校は全体として，人びとに共有された意図や目的を体現しており，良い学校は集合的な愛の感覚および自然環境への配慮と敬意を表出している[33]，とされる．ここで，GNH原理や概念を構成する価値としては，ブータンにおいて古くから伝えら

れる深い知恵および文化実践，批判的・創造的思考力，エコロジカル・リテラシー，熟考型学習，世界のホリスティックな理解，自然および他者への真摯なケア，近代化に効率的に対応する能力，適切な職業の準備，社会参画とその機会の周知などである[34]．

　これらの実践を支える精神充足や心の訓練の獲得の手段のひとつとして，瞑想活動が強調されている．心の訓練はすべての学校における児童・生徒の心理的幸福への取り組みに焦点を当てた GNH 教育のひとつの要素である．瞑想活動は，カルマ・ウラ（Karma Ura）によれば，授業やソーシャルサービス・ラーニングなどと並ぶ，価値注入の4つのチャンネルのひとつで，その理念的基礎は，アメリカのサンタクララ（Santa Clara）大学の瞑想センターのマーティン・セリグマン（Martin Seligman）の指導を受けていた[35]．瞑想という言葉は，精神充足と心の訓練実践を指して用いられ，精神充足のために，毎日 10 ～ 20 分，短時間の継続的な瞑想がもっとも効果的であるとされている．朝礼は1分間の瞑想で始まり，1分間の瞑想で終わる．教師は教室で（小グループの）児童・生徒に瞑想を指導し，そのあと，集団瞑想を行う．瞑想の具体的方法として，「水鉢の手渡し」「蓮の花瞑想」「虹の色瞑想」などが実際の事例として挙げられている[36]．

価値教育フレームワーク

　それでは，この価値教育と国民総幸福（GNH）との関係はどのように想定されているのであろうか．カリキュラムおよび専門職支援局（CPSD）の「価値教育フレームワーク」(2007) によれば，「国民総幸福（GNH）というブータンの概念は，それが価値教育の成果として生み出されるように，価値教育の中心に置かれなくてはならない．このフレームワークに示された価値セットを実践するものは，自己および他者を幸せにし，社会全体の幸福の増進に貢献すべきである[37]」と明確に国民総幸福との関係を謳い，図 1-1 のような概念図（筆者修正）を提示している．すなわち，価値教育は5つの中心価値と 23 の関連価値から

なり，各学年の8つのトピックにおいて，3つの指導原理に基づいて指導され，目的として（Ⅰ）因果応報，（Ⅱ）生命の尊さと有限性（無常），そして（Ⅲ）相互信頼と相互義務の概念を学習者に理解させることにある．その結果として，社会に責任ある，慈愛に満ちた，生産的な市民を輩出することを目指し，その市民が自己，他者，社会の幸福を増大させて国民総幸福（GNH）を実現してゆく，という構図に価値教育を位置づけている．

　ここで注目すべきは，ブータンの価値教育のフレームワークに，伝統的価値の教育，仏教的概念の教育以外に，愛国心教育，多文化教育，市民性教育，メディア・リテラシー教育，キャリア教育，法教育の要素が含まれていることである．政策担当者によれば，これは価値教育の構想過程に，外国とりわけ欧米諸国で実践されている市民性教育や多文化教育などの理念や実践が参考にされた経緯から，愛国心教育以外の実践は多分に西洋的な概念と実践が影響したも

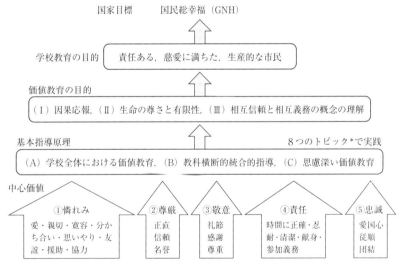

図1-1　価値教育とGNHとの関係

注）＊8つのトピック：(a) 人間関係，(b) 健康，(c) 生命の神聖さ，(d) 環境，(e) メディア・リテラシー，(f) 市民性教育，(g) 国際関係，(h) 霊的な人間
出所）Curriculum and Professional Support Division (2007) *Values Education Framework for* pp.XII, Ministry of Education, Paro, p.13 の図を筆者修正

のと考えられる．伝統的な概念が主としてチベット仏教に由来し，愛国心教育は主としてブータンのローカルな概念に基づき，その他の多くは西洋的概念であるとするならば，まさに伝統と近代とローカルの価値のブレンドであるといえる．しかし，これは前述のブータン的な伝統と精神を，近代的教育システムと教育方法のなかで教育するという，古い価値と新しいシステムの融合という理想とは必ずしも一致していない．なぜならば，ここで伝達される価値は，伝統的・宗教的価値，ローカルな価値，そして西洋的な価値というように，伝達されるべき価値が複数あり，それらの相互関係，すなわち文化的な衝突や矛盾の可能性までもが完全に払拭され，調整されているとは言えないからである．

　ブータン教育省は，当初この「価値教育」の授業を週1時間設定していたが，GNHという壮大な国家政策における学校教育の役割が明確になるにつれ，これらの教育は特定の科目において行われるレベルのものではなく，むしろ，学校の全授業，全活動を通じてホリスティックに追求されるべきであるという，総体的学校アプローチという方向にむかった[38]．カリキュラム・フレームワーク（2007）によれば，「価値教育が全教員の関心と責任において行われるべきであり，従って，それは学校全体，エートス，活動，人間関係において滲みわたるべきである[39]」「学校に来た訪問者から，これらの価値を教える時間割は？と問われれば，校長はこう答える．私たちはそれらを一日中教えています．私たちはそれらを数学で，地理で，国語で，……運動場で，先輩後輩の関係で，公の場でも，私の場でも．つまり私たちは，それらを教えているのではなく，それらの中に生きているのです[40]」と述べている．

GNHガイドライン

　2011年のGNHガイドラインには，GNH要素の総体的学校アプローチについて言及されている．「学校はGNH原理と本質的価値について，学校全体を通じて伝達するべく，総体的学校アプローチを採用すべきである．このアプローチは学校の全環境を利用することが求められ，朝礼から始まり，クラス授業，

課外カリキュラム，フォーマル・ノンフォーマルな人間関係，学校社会，学校運営にも反映すべきである[41]」たとえば，算数の授業においても，教師は「6－2」という引き算の概念を教えるとき，「これまでは『6羽いた鶏のうち，ある日2羽が盗まれました．残りは何羽でしょう？』と教えられたかもしれない．しかし，GNHの教育では，『ある村の青年は6羽の鶏を飼っていました．ある時村に貧しい娘がいることを知り，2羽を娘に与えました．残りは何羽でしょう？』と教えるべきである」と指摘されたという[42]．

そしてこれらの総体的学校アプローチの推進のために持続的で総体的な評価システムが導入された．これは国家教育システムにGNH概念を吹き込むための，形成的な，かつ総括的な学校改善のためのアセスメント・ツールである．この評価の対象には，(1) 指導力と管理運営能力，(2) グリーン・スクール（物理環境面と社会心理面），(3) カリキュラム，(4) 持続的でホリスティックな評価，(5) 課外活動も含めた全体的発展，(6) 学校と地域との関係，が含まれる．これらをチェックする77の指標が設定され，それぞれの指標について，次のような4段階評価が行われた．すなわち4＝児童・生徒のほぼすべてに見出される（100%），3＝大部分の児童・生徒に見出される（75%），2＝一部の児童・生徒に見出される（50%），1＝ほとんど見出されない（25%），というものである．これらの合計点の平均値が車輪のような6角形のダイアグラムにプロットされ，これがGNH進歩の車輪（GNH Progress Wheel）と呼ばれている[43]．

なぜブータンは教育の目標として，幸福の増進という主観的・抽象的目標に踏み込むことができたのか？その答えのひとつはここに示したように，到達目標である幸福の定義が，チベット仏教の善の価値から具体的（一義的）に導き出すことができたこと．そして，その概念を近代学校の教育的フレームワークに分解して咀嚼した形で織り込むことができたことが大きいといえる．これは学校全体がひとつの価値観に統一されている状態において機能する目標であるが，私たちのような多元的な価値観の世界ではむずかしいことである．

しかし問題も想定される．すなわち，ここで提示された幸福とされる目標は

第1章　ブータン王国における教育計画　19

伝統的な僧院などにおいて追及されてきた仏陀の悟りの境地（omniscience）の間接的な体験であり，世俗的な幸福概念とはかなりの乖離がある．それにもかかわらず，現実は西洋型の学校教育の場においてもそれが追及されるという問題である．また第二には，教育の役割における直接的役割と間接的役割の衝突の問題が予想される．すなわち，学校教育において価値教育などで直接的にブータンの幸福概念が追及されることと，間接的に幸福を促進するはずの，教育によって獲得される知力，能力，技術力などは，場合によっては前者の幸福概念とは全くことなる幸福の追求（立身出世，財力，名誉など）に傾斜する可能性もある．具体的な例をあげれば，「試験まえには瞑想している時間がない」とか，「心満ち足りていては，厳しい進学競争に残れない」などという葛藤である．ここでは絶対的な幸福感と主観的（相対的）な幸福感の対立もしくは混同が起こっている．

　タシ・ワンギャル（Tashi Wangyal）は次のように述べている．「かつてはすべての親が，その息子たちの少なくとも一人は僧侶になってほしいと願ったものであったが，今日では，すべての親の夢は，その子どもたちがカレッジを卒業して学士になる姿を見ることになってしまった．学士号は『上品な』職業と快適な生活へのパスポートと考えられている[44]」確かに近代教育の導入は，これまで僧院に限られていたブータンの子どもたちに教育的オプションを提供したが，それは子どもたちを国際的な世界との競争に巻き込むことになった．

注）

1)　Bikrama Jit Hasrat（1980）*History of Bhutan : Land of the Peaceful Dragon*, Appendices, p.135. インドルピー：1971年当時1米ドル＝7.58ルピーの固定相場であった．

2)　*Ibid.*, p.137.

3)　*Ibid.*, pp.139-141；Curriculum and Professional Support Section（CAPSS）, Ministry of Education（1997）*A History of Bhutan Class X*, Provisional Edition, pp.70-71, CAPSS.

4)　Royal Government of Bhutan, 11 th FiveYear Plan：2013-2018

5) Policy and Planning Division(PPD), Ministry of Education(MoE)(2013)*Annual Education Statistics*, p.14, p.17, Kuensel Corporation Ltd., Thimphu.

6) *Ibid.*, pp.18-19, p.21.

7) Policy and Planning Division(PPD), Ministry of Education(MoE)(2012)*Annual Education Statistics*, pp.130-131.

8) PPD, MoE., *op. cit.*, (2013)p.36.

9) *Ibid.*, (2013)p.15, p.24.

10) Policy and Planning Division, Department of Education, Ministry of Education (2009)*A Study on Enrolment and Retention Strategies in Bhutan*, p.69, Kuensel Corporation.

11) PPD, MoE., *op. cit.*, (2009) p.35；ブータン通貨ニュルタム－1.68円（2014年7月）.

12) 平山修一（2005）『現在ブータンを知るための60章』明石書店, pp.62-63.

13) 外務省広報, 政府開発援助（ODA）国別データブック2011（Ⅱ）,「南アジア地域」, http://www.mofa.go.jp/mofaj/gaiko/oda/shiryo/kuni/11_databook/pdfs/02-00.pdf；外務省, 南アジア地域に対する2010年度ODA実績, 国別データブック「ブータン」 http://www.mofa.go.jp/mofaj/gaiko/oda/shiryo/kuni/11_databook/pdfs/02-06.pdf より筆者計算.

14) PPD, MoE., *op. cit.*, (2012)pp.82-85.

15) Ministry of Education(2013)*The Centenarian, 100 Years of educating the Nation*, p.13, Ministry of Education, Bhutan.

16) Karma Phuntsho(2000) 'On the Two Ways of Learning in Bhutan', in *Journal of Bhutan Studies* Vol.2, No.2, Winter p.116 に引用.

17) Tashi Zangmo(2004)'Literacy for all : One of the means to achieve Gross National Happiness', pp.634-635, in *Gross National Happiness and Development*, The Centre for Bhutan Studies, Thimphu.

18) PPD, MoE., *op. cit.*, (2013)p.31.

19) *Royal University of Bhutan*, (Brochure), 2008.

20) The Royal University of Bhutan(2010)*Prospectus 2010-2011*, pp.3-5.

21) *Eleventh Five Year Plan 2013-2018*, Volume I : Main Document, p.163.

22) Ross McDonald(2010)*Taking Happiness Seriously : Eleven Dialogues on Gross National Happiness*, p.1, The Center for Bhutan Studies.

23) Sander G. Tideman(2004)'Gross National Happiness : Towards a New Paradigm in Economics, p.222, in CBS 2004, *Gross National Happiness and Development*；Kusago Takashi(2008)'A Case story from Minamata : GNH Practice as Human Security and Sustainable Development', pp.130-134, in CBS 2008, *Towards Global Transformation : Proceedings of the Third International Conference on Gross National Happiness*.

第1章　ブータン王国における教育計画　21

24）上田晶子（2006）『ブータンにみる開発の概念　若者たちにとっての近代化と伝統文化』明石ライブラリー 96，明石書店，p.146

25）Government of Bhutan, *The Constitution of the Kingdom of Bhutan*, http://www.bhutanaudit.gov.bt/About%20Us/Mandates/Constitution%20of%20 Bhutan%202008.pdf　ブータン王国憲法条文には一切の GNH の説明は存在しない．

26）Royal Government of Bhutan, Planning Commission（2008）Draft Tenth Five Year Plan, 2008-2013；宮本万里（2006）「ブータンの近代教育制度の開発にみる教育計画の変遷：教育の国際化へ向けて」山内乾史・杉本均編著（2006）『現代アジアの教育計画』学文社，pp.162-181，上田晶子（2006）前掲書.

27）Karma Ura（2008）"*GNH Index*", The Centre for Bhutan Studies, pp.8-9. http://www.bhutanstudies.org.bt/admin/pubFiles/12.GNH4.pdf（リンク切れ）

28）*Ibid.*, p.11.

29）Research and Evaluation Division, GNH Commission, GNH Policy and Project Screening Tool, http://www.grossnationalhappiness.com.

30）*Eleventh Five Year Plan 2013-2018*, Volume I：Main Document, pp.35-36.

31）Basic Education Act 628/1998, Finland, Amendment up to 1136/2010, 1998, http://www.finlex.fi/en/laki/kaannokset/1998/en19980628.pdf
Ministry of Education, Singapore, Desired Outcomes of Education（Singapore）, https://www.moe.gov.sg/docs/default-source/document/education/files/desired-outcomes-of-education.pdf；『教育基本法』（日本）（2006 年改正第 120 号）

32）Karma Ura, Sabina Alkire, Tshoki Zangmo, Karma Wangdi（2012）*An Extensive Analysis of GNH Index*, Centre for Bhutan Studies, p.4, p.15, p.41, Thimphu.
http://www.grossnationalhappiness.com/wp-content/uploads/2012/10/An%20 Extensive%20Analysis%20of%20GNH%20Index.pdf

33）Department of Curriculum Research and Development（DCRD）, Ministry of Education（2011）*Educating for GNH, Refining Our School Education Practices, A Guide to Advancing Gross National Happiness*, p.34, DCRD, Thimphu.

34）*Ibid.*, pp.24-25.

35）Karma Ura（2009）*A Proposal for GNH Value Education in Schools*, pp.52-57, Gross National Happiness Commission.

36）Ministry of Education（2012）*Educating for Gross National Happiness, Training Manual*, pp.24-27, unpublished；「水鉢の手渡し」では参加者が輪をつくり小さな水鉢を回しながら祈りと願いをするもの，「蓮の花瞑想」とは，蓮が池の底の泥から茎を伸ばし，水面に華麗な花を広げる清い姿を思い浮かべる瞑想，「虹の色瞑想」とは 7 色を思い浮かべながら，オレンジは幸福，青は平穏，緑は調和，など色が示唆する状態を心に体現する瞑想とされる．

37) Curriculum and Professional Support Division(CPSD)(2007)*Values Education Framework for PP-XII*, p.19, Ministry of Education, Paro.

38) *Ibid.*, pp.8-9, Thankur S. Powdyel(CERD)の言葉より.

39) Ministry of Education(20946311)*Educating for GNH ; Refining Our School Eduction Practices, A Guide to Advancing Gross National Happiness*, p.34.

40) CPSD, *op. cit.*, p.8.

41) *Ibid.*, p.9.

42) 『朝日新聞』2012 年, 6 月 6 日, 2011 年の CERD 調査でも同じ内容のインタビュー回答を得た.

43) *Towards Education for GNH Guide to School Self Assessment(SSA)*, Tool ; and School Improvement Plan(SIP), pp.1-16, unpublished, undated.

44) Tashi Wangyal(2001)*op. cit., Journal of Bhutan Studies*, Vol.3, No.1, Summer, p.118.

第2章

インドにおける教育計画

1　はじめに

　イギリスから独立して間もない 1950 年，インドでは国の発展を軌道に乗せ，人びとの生活水準を向上させるため，旧ソビエト連邦をモデルとする計画経済が採用された．初代首相ジャワハルラル・ネルーは，この実施のために，国の発展戦略となる 5 カ年計画の策定を担う国家計画委員会を設置した．委員会は重要分野の閣僚によって構成され，首相が委員長を務める．記録的干ばつやパキスタンとの紛争，国内の急速な政治情勢の変化などにより，一時的に途絶えた時期もあったが，国家計画委員会は，第 1 次 5 カ年計画 (1951-1956) ～第 12次 5 カ年計画 (2012-2017) まで 12 回におよび計画を策定してきた．

　国家計画委員会は，中央政府の諮問委員会として各省庁や州政府と調整をおこない，計画を策定することに加え，州政府に予算を配分する役割を担うが[1]，過度に官僚的で州政府と十分な調整ができていない等の批判がなされてきた[2]．2014 年に首相に就任したインド人民党のモディは，過去の州首相としての経験を踏まえ，就任後初の独立記念日のスピーチにおいて，国家計画委員会を新たな組織，国家インド変革委員会 (National Institution for Transforming India, NITI Aayog) に改組することを宣言した．これにより，65 年間続いてきた 5 カ年計画は，第 12 次 5 カ年計画の最終年度である 2016-17 年度をもって廃止さ

れることとなった[3].

　国家インド変革委員会は，国の発展戦略の指針となる短期・中期・長期計画[4] を作成する予定である．これらの計画は，インドの教育計画に少なからぬ影響を及ぼすことになると考えられる．しかし，2016 年現在，国家インド変革委員会の教育に対する展望は明らかにされておらず，政府が策定した教育計画として機能しているのは，第 12 次 5 カ年計画である．したがって，ここでは第 12 次 5 カ年計画を参考に，インドの初等教育，中等教育，高等教育の各教育段階の現状に触れつつ，それぞれの計画の内容について概観する．その前にまずは簡単に教育計画の策定プロセスを説明する．

2　教育計画の策定

　教育に関する計画については，9 つの作業部会[5] と，これらの作業部会に指導を行う 4 つの運営委員会が検討して作成した報告書が参考にされている．作業部会には，人的資源開発省の高等教育局が設置する「高等教育」「技術教育」「官民連携（Public-Private Partnership, PPP）を含む民間セクターの高等教育への参加」を検討する 3 部会，人的資源開発省の学校教育と識字局が設置する「初等教育と識字」「中等・職業教育」「教員養成」「官民連携を含む民間セクターの学校教育への参加」を検討する 4 部会，そして，青少年対策・スポーツ省のスポーツ局が設置する「スポーツと体育」「青少年の発達とスポーツと青少年対策」を検討する 2 部会がある．また運営委員会には，「高等教育と技術教育」「青少年対策とスポーツ」「初等教育と識字」「中等教育と職業教育」を検討する 4 つの委員会がある．これらの委員会には，関係省庁，教育機関，民間企業の代表・理事，研究者，NGO などからなる数十名の有識者が参加している．

　運営委員会と作業部会によって作成された報告書をもとに国家計画委員会が策定した第 12 次 5 カ年計画の教育計画[6] では，これまで優先事項とされてきた「アクセス」「公平性」「質」「ガバナンス」に加え，「学習成果（ラーニン

グ・アウトカム）」をすべての教育段階において重視することが強調されている．以下では，初等教育，中等教育，高等教育の各教育段階の現状に触れつつ，それぞれの計画の内容について説明する．

3 　初等教育

　インドの初等教育システムは，約2億人の子どもを抱える世界最大規模の教育システムであり，同時に，基礎学力のない子どもを世界でもっとも多く抱える教育システムでもある．OECDが実施したPISA（国際学習到達度調査）2009および2009＋[7]では，インドからはタミル・ナドゥー州とヒマーチャル・プラデーシュ州の2州が参加したが，これらの州の読解力，数学的リテラシー，科学的リテラシーは，参加した74カ国のうち，最下位レベルであった[8]．また，インド最大規模の教育NGO，プラタムが，農村地域の初等学校在籍児童を対象に実施した学力調査では，公立学校の第3学年に在籍する子どもの約7割が，第1学年レベルの読解テストをクリアできなかったことが明らかにされている[9]．このような低学力の問題には，彼らを取り巻く学習環境が少なからず影響している．

　初等教育の普遍化を目指す「万人のための教育世界会議」を受けて，インドでは，サルヴァ・シクシャ・アビヤーン（ヒンディー語で「万人のための教育運動」の意）が開始し，1990年代以降，学校や教室の増設，教育の無償化，制服・教科書・給食の無償提供が積極的に進められてきた．これら一連の取り組みは，就学率を向上させたが，急増する就学人口に対して教員の育成が追いつかず，学校現場に大きな混乱をもたらした．初等教育段階—とりわけ農村地域の公立学校—では，多くの教員ポストに欠員が発生し[10]，十分な教員訓練を受けていない契約教員が雇用されたり，ひとつの学校に一人の教員のみが配置されたりした．教員の不足する学校では，年齢，学年，能力の異なる子どもたちがひとつの教室で同時に学ぶことも珍しくない．しかし，教員の多くは，この

ような教室環境をマネージする訓練を受けておらず，教授—学習プロセスに支障をきたしている．加えて，公立学校では，教員に対する支援や学校の視察が適切に行われておらず，教員の勤務態度不良やモチベーション低下といった問題が生じている．また，学校を欠勤し，副収入稼ぎに勤しむ教員の実態も確認されている．これらの教員の行為は，教員全体のイメージや社会的地位を低下させており，意欲ある教員にも悪影響を及ぼしている．以上のことから，インドの初等学校在籍児童の低学力の問題は，子ども自身の学習意欲や学力の問題のみならず，彼らを取り巻く学習環境も影響していることがわかる．インドの初等教育システムは，これまで教育へのアクセスが困難であった社会的弱者層を巻き込む形で拡大し，普及の面で一定の成果をあげてきた．しかし，こうした「拡大」に貢献してきた公立学校は，政府のガバナンスの欠如によって，深刻な質の問題に直面しているのである．

　こうしたなか，インドでは，初等教育学齢期（6〜14歳）の子どもが，公正な質の高い無償義務教育を受けられるよう，その権利を保障する「無償義務教育に関する子どもの権利法（2009）（The Right of Children to Free and Compulsory Education Act，以下，RTE法）」が制定された．RTE法では，無償義務教育を提供する責任が政府にあることが強調されている．また教師が自らの義務[11]を果たさず，そのことによって子どもの基本権が侵害されていると判断される場合には，処罰の対象となることが定められている．これらの規定は，インドの教育問題の根本にある政府のガバナンスや教員の質の問題を改善し，質をともなう教育を徹底させようとするものである．

　RTE法では，社会的弱者層が公正な質の高い無償義務教育を受ける権利を，公立学校改革のみならず，私立学校改革によっても保障することが目指されている．ここでいう私立学校改革とは，(1) 富裕層や中間層の子どもが多く在籍する教育の質の高い私立学校[12]に，定員枠の25%を社会的弱者層のための特別枠として設け，彼らに無償教育を提供すること（費用は政府が負担），(2) 政府の定める学校認可条件（土地の敷地面積，教育設備，教員資格，教員給与などに関

する条件）を満たした私立学校（おもに，富裕層や中間層の子どもが多く在籍する高額私立学校）のみを正規学校として認め，条件を満たしていない私立学校（おもに，貧困層の子どもが在籍する低額私立学校）を閉鎖することを意味する．

　経済的・社会的格差が大きいインドでは，学校システムに参加する時点ですでに生徒間で格差が生じている．階層化された学校システムの中では，こうした格差は，学年の進行にともない学力格差として顕在化し，学力の低い子どもは学校システムからドロップアウトする傾向にある．こうしたなか，(1)の改革は，通常であれば，貧困層の子どもの選択肢にはならない高額私立学校に，これらの子どもを第1学年から（就学前教育が提供されている私立学校の場合は就学前教育から）入学させ，彼らに，富裕層や中間層の子どもたちと同等の教育機会を無償で提供することで，機会格差を軽減することが目指されている．これに対して，(2)の改革は，学校認可条件を満たしていない非正規の低額私立学校を閉鎖し，これらの学校に在籍する貧困層の子どもを正規の学校である公立学校に転学させ，適切な教育を受けさせることを意図するものである．しかし，既述のとおり，公立学校は政府のガバナンスの問題によって機能不全の状態にある．他方，低額私立学校は，十分な資金がないため，公立学校よりも敷地面積が小さく，教室設備も粗末で，有資格教員を雇うこともできない非正規の学校であるが，教育に熱心な教員を雇用することで，「公立学校よりも質の高い教育を低授業料で提供している学校」として，貧困層の多く住む低所得地域で支持され拡大してきた．そのため，(2)の改革は，むしろ，子どもたちから質をともなう教育を受ける権利を奪う改革とも指摘される[13]．

　こうしたなか，第12次5カ年計画では，RTE法をより柔軟に施行する代替案が示されている．計画では，社会的弱者層の子どもに効果的に教育を提供してきた学校が閉鎖されないように，規則は柔軟かつ文脈に応じて検討されるべき[14]ことが述べられる．「閉鎖」という言葉が用いられていることから，ここでいう学校とは，学校認可条件を満たしていない非正規の低額私立学校を意味していると考えられる．すなわち，計画ではRTE法によって質の高い教育を

求める貧困層のニーズに応えてきた低額私立学校が閉鎖に追い込まれないよう，私立学校を統制する枠組み自体を見直すことが提案されているのである．

計画ではさらに「NGO を含む民間の教育プロバイダーは，初等教育において重要な役割を果たしうる．これらの民間のプロバイダーが初等教育の普及において果たす正当な役割を認識し，民間のプロバイダーによる初等教育への投資を促すアプローチを採用する必要がある」ことが述べられている[15]．以上のように，計画では，NGO や低額私立学校などの民間の教育プロバイダーが，初等教育に積極的に関与することを支持する見解が示されている．

しかしながら，質をともなう初等教育の普及は，私立学校の制度改革だけでは不十分である．深刻な教員不足の問題，教員の勤務態度不良や低いモチベーションの問題に直面するインドにおいて，教育の質や学習成果を向上させる妥当な解決策は，質の高い教員の育成・増員にあるといえる．そのためには，教員を育成する教員養成担当者の育成・増員も重要となる．第 12 次 5 カ年計画では，これに対応するため，教員養成プログラムのカリキュラム，教授法，評価システムを，教員訓練機関や初中等学校と連携して研究する教育学部を 40 機関設置するとともに，教員養成担当者を育成する修士号プログラムを 100 の高等教育機関で提供する予定である．また，教員と教員養成担当者の専門職としての基準と彼らの教授法や成果に関する評価指標を開発し，これらを昇給・昇進に活用することも検討されている．計画では，教員養成機関についても，成果に関する評価指標を開発し，補助金支給に役立てることが提案されており，成果重視の方針はここにも反映されている．さらに，正規教員の不足を補うため，契約教員の正規教員への昇進を可能とする職能開発プログラムの開発も予定されている．

第 12 次 5 カ年計画では，教員の不足や欠勤などの問題を，テクノロジーの活用によって解決することも検討されている．たとえば，教員，教員養成担当者，教員養成機関に関するデータベースの構築はそのひとつである．このデータベースは，各地域の教員，教員養成担当者，教員養成機関の配置状況を把握

し，適切な資源配分に活用することが計画されている．また，教員の欠勤問題を解決するために注目されているのが，携帯電話やタブレットなどの電子端末を用いた「e-モニタリング」である．インドでは，教員の出勤状況，生徒の出席・学習状況，給食に関するデータをリアル・タイムで収集するアプリケーションが非営利組織によって開発されている．このアプリケーションをインストールした電子端末を用いれば，上記の情報を遠隔からでも瞬時に確認することができる．計画では，各州や県がe-モニタリングの仕組みを教育システムの改善に役立てることが奨励されている．

　加えて計画では，教育の質や学習成果を向上させる手法を海外の先駆的事例から学ぶ必要性が言及されている．そしてその一例として，アメリカのワシントンDCに拠点を置く非営利組織，ブルッキング協会の設置した「普遍的な教育のためのセンター」[16]の取り組みが取り上げられている．当センターは，ユネスコ，諸外国の教育機関，非営利組織[17]の就学前教育，初等教育，ポスト初等教育に詳しい専門家約40名からなる「学習測定法特別委員会」を立ち上げ，世界共通で用いることのできる学習目標や達成度の評価方法の開発に取り組んでいる[18]．インドではすでにこうした評価指標を独自に開発し，学校の質改善に取り組んでいる教育企業もあり，インドの教育を実質的に変えていくのは，こうしたノウハウをもつ教育企業であると指摘する研究者もいる．計画では，こうした海外事例から学ぶことで，インドがゆくゆくは教育の質や成果に関する指標開発や，質の高い教育の実践において指導的な役割を果たしていくことが展望されている．

　続いて，以下では，中等教育に関する計画についてみていく．

4　中等教育

　これまでインドの教育政策では，エリート育成を目的とする高等教育と，大衆教育を目的とする初等教育が重視され，中等教育に関しては目立った改革

が進められてこなかった。しかし、公正な質の高い無償義務教育を保障する RTE 法 (2009) の施行によって、インドの中等教育の需要はますます高まることが見込まれている。2009-2010 年に開始した国家中等教育運動（ラシュトリヤ・マーディアミック・シクシャ・アビヤーン）は、こうした需要に応えるものである。この政策のおもな目的は、適切な質の教育の普遍化にあり、最低限受けるべき教育を初等教育から前期中等教育（第 10 学年）段階にまで引き上げること、理科・数学・英語に重点を置き、質の高い教育を保障すること、就学率・ドロップアウト率・留年率にみられるジェンダーや社会的・地域的格差を是正することなどが具体的目標としてあげられている。第 12 次 5 カ年計画では、女子寮政策、学校の ICT 化、障害児のためのインクルーシブ教育、職業教育などに関する諸政策を、中等教育の拡大と質の向上のための包括的な政策として一本化し、国家中等教育運動の中に位置づける予定である。

　中等教育の問題は、暗記や概念理解を過度に重視するカリキュラムや試験にあるとされ、政府は、暗記中心の教育からの脱却を図る試験改革に着手している。インドでは、中央中等教育委員会 (CBSE)[19]、各州の中等教育委員会[20]、インド学校修了試験協議会など多様な委員会が試験を実施・運営している[21]。このうち、中央政府管轄下の CBSE では、前期中等教育修了時（第 10 学年）に実施していた共通試験を 2011 年より任意化し、その代わりに、「継続的・包括的評価」[22] という評価方法を前期中等教育（第 9 学年）より導入している。継続的・包括的評価は、単元・学期の開始時および学習過程で生徒の理解度を確認し、単元・学期の最後に生徒の学習到達度を測ることで、生徒の学びを継続的・定期的に評価するものである[23]。また、教科教育のみならず教科外教育（ライフスキルや態度・価値に関する教育および学校外活動）も含めて生徒の発達状況を包括的に評価する。このように、継続的・包括的評価は、これまで実施されてきた知識の習得度合を重視する共通試験とは異なり、生徒の総合的発達に向けて、生徒の理解度、学習進度、人格の発達を促す評価となっている。この評価システムを定着させるためには、生徒の学びを適切にフォローアップするため

の技法を教える教員訓練プログラムが不可欠となる．そのため，第 12 次 5 カ年計画では，教授―学習プロセスの改善に役立つノウハウや，生徒の学びのプロセスを記録するポートフォリオなどのツールの活用法を教えるプログラムの開発が計画されている．第 12 次 5 カ年計画では，CBSE 以外の試験委員会も継続的・包括的評価に基づく試験改革を実施する予定である．

　中等教育に関する計画では，「政府は自ら学校を設置し運営するよりも，むしろ教育の質を保証するための統制メカニズムを考案する方が望ましい」と説明されている．一方，民間セクターについては，「正しい政策，適切な統制，革新的な PPP，さまざまな需要重視の財政措置を通じて，さらに役割が強化されうる」と説明されている[24]．たとえば，民間の教育プロバイダーには，社会的弱者層のための就学支援措置を施し「公平性」に貢献したり，リソースの限られた政府系学校を教員訓練や設備の共有を通じて支援（PPP）したりすることが期待されている．また，計画では，生徒の修了率，学業成績，社会的弱者層の留年率などの面で成果をあげる私立学校に補助金を支給することが提案されるなど，民間セクターの拡大をうまく「ガバナンス」することで，教育の質や学習成果を向上させる方針が示されている．

　ここまでは，中等教育に関する計画について分析してきた．続いて，以下では高等教育に関する計画について詳しくみていく．

5　高等教育

　第 11 次 5 カ年計画（2007-2012）では，3 つの "E"「拡大（expansion）」「公平性（equity）」「卓越性（excellence）」が高等教育の計画の焦点とされた．とりわけ，「拡大」に関しては，一定の成果が得られ，この間，約 1 万 7,000 の高等教育機関が新設されている．これらの圧倒的大多数は，民間の教育機関で[25]，その多くは，政府から補助金を得ずに，学生からの授業料収入だけで運営されている．こうした「無補助私立高等教育機関」に在籍する生徒が，インドの高等

教育の就学人口全体に占める比率は約6割にまで及ぶ[26]．このことは，高等教育の拡大が，民間のイニシアチブによって推し進められてきたことを示している．第11次5カ年計画では，公平性を確保するため，遠隔地域や農村地域などの教育後進地域や，低カーストや障害児などのマイノリティーの生徒の多い地域にある大学やカレッジへの支援に加え，才能ある貧困層出身の学生を対象とした奨学金制度（2008-2009）の導入も進められた．このほかにも，卓越性の追求という目標に沿って，さまざまな取り組みが実践された．インドの高等教育機関の教員の大多数は，臨時講師か非常勤講師であり，適切な訓練を受けた教員の不足は，深刻な問題となっている．高等教育システム全体の卓越性に関わるこの問題に対処するため，第11次5カ年計画では，教員の補充・増員に向けて，定年退職年齢が65歳から70歳に引上げられた．またより高度な卓越性を追求する取り組みとして，工学系高等教育機関（127校）の質向上プログラムが，世界銀行の支援を得て実施されており，大学院生の能力開発，卒業生の就職，研究成果の面での進展が確認されている．さらに，理学・工学分野のバーチャル実験室の設置，低コストのタブレット（アカーシュ）の開発，392の大学と約1万8,400校のカレッジのブロードバンド化など，ICTを活用した教育環境の整備も進められている．

　第12次5カ年計画では，第11次5カ年計画に続き，3つの"E"が重視されている．「拡大」については，計画期間が終わる2017-2018年までに粗就学率を25.2%にまで引き上げ（2011-2012年時点では17.9%），2020年には30%を達成することが目指されている．エリート段階からマス段階に移行するインドの高等教育が直面する課題として，増加する就学人口と多様化する教育ニーズへの対応がある．この課題に対処するため，計画では，定評のある教育機関の分校設置や既存の教育機関のスケールアップといった高等教育機関そのものの物理的拡大に加え，機関種別，専攻，レベルの多様化を図りながら，従来の高等教育機関とは異なる形態の教育を提供することが検討されている．

　こうした多様化に向けた取り組みのひとつが，オンライン教育である．ここ

でいうオンライン教育とは，既存の教育機関のカリキュラムの一部をオンラインで提供したり，世界トップクラスの大学が開発する大規模な公開オンライン講座（Massive Open Online Courses, MOOCs）[27] を活用したりすることを意味する．このような教育は，低コストの教育を実現するものであり，社会的弱者層に高等教育の機会を提供する手段としてもみなされている．高等教育の多様化に向けた取り組みのもうひとつの例として，北米の高等教育モデルにならったコミュニティー・カレッジ構想があげられる．コミュニティー・カレッジは，中等教育修了生にカレッジへの入学準備教育を行ったり，在学生に短期の職業教育プログラムを提供したりする予定である．インドでは，学校教育レベルでの教育普遍化政策と補助金制度などによって，より多くの社会的弱者層が中等教育に進学しつつある．しかし，彼らの多くが，高等教育への進学や通学にあたり，経済面や学習面での困難に直面している．これらのカレッジは，こうした社会的弱者層の教育ニーズに応えるものと考えられている．第12次5カ年計画では，教育における不平等を是正し，公平性を確保するため，社会的弱者層の学生に対する補助金制度を，数，範囲，金額において大幅に拡大することも計画されている．

　インドの高等教育が，エリート段階からマス段階へと移行する一方，高等教育機関の実態については，「インフラが粗末」「カリキュラムが時代遅れで不適切」，「情報化の進展に対応できていない」などと評されているのが現状である．インド最難関の大学であるインド工科大学は，世界大学ランキングで200番台にランク入りしているが，多くの高等教育機関の教育や研究のレベルは，国際水準から遠くかけ離れたレベルにある．以上のことから，第12次5カ年計画では，第11次5カ年計画に続き，拡大を進める方針をとりつつも，質を伴わない拡大は，国の発展を停滞させるという考えから，質の改善を最優先することが強調されている．たとえば，教員については，その数を80万人から160万人に倍増する予定であるが，質を維持するために，採用方法や勤務条件の改善に加え，ファカルティ・ディベロップメントの充実化が検討されている[28]．

また，研究型大学や多数の学士課程プログラムをもつ大学を中心に，50の教授・学習センターを設置するほか，最新のテクノロジーを用いた教育や，研究を基盤とする学際的な教育など，既存の教育機関では十分に対応できていない教育の充実化を民間の教育プロバイダーの助けを得て実施することが検討されている[29]．さらに，水準を満たしていない政府系高等教育機関を民間の支援を得て改善するなど，高等教育においても，教育の質を改善する手段のひとつとしてPPPが重視されている．

　第12次5カ年計画では，卓越性の追求が優先事項のひとつに掲げられており，これに関連するものとして，インドの教育と教員に関する問題を包括的に検討する「教員と教育に関する国家ミッション」の設置[30]や，「研究とイノベーションのための大学法」の枠組みづくりが計画されている．後者の法的枠組みは，特定分野の教育・研究の発展に寄与する国内外の政府立・私立の高等教育機関を「革新のための大学」として認定するものである．これに認定された大学は，例外的に，大学の教育水準の決定・維持を担う大学補助金委員会をはじめとする質保証機関からの規制を受けず，独自の入学基準や質保証メカニズムを導入することが認められる[31]．

　インドでは，ごく一部のトップレベルの高等教育機関を除いては，国際的な共同研究を行う研究者が少ない．そのため，第12次5カ年計画では，世界各地に広がる2,200万人のインド系ディアスポラ（外国に暮らすインド系コミュニティ）を活用した国際的な研究連携の推進も予定されている．また，インドには，高等教育研究センターや高等教育を専門とする研究者組織が存在せず，教育システム全体の発展に不可欠な，イデオロギー的に中立で，根拠に基づく高等教育関係のデータが欠落している．そしてこのことが理由で，高等教育に関する授業が，学術的科目として教えられていない．これらの点を踏まえ，第12次5カ年計画では，高等教育研究センターの設置や当該分野のネットワーク構築が進められる予定である．

6 おわりに

　経済のグローバル化にともなう人材の流動化を背景に共通指標を用いて，個人や教育機関の成果を評価しようとする国際的動向がみられる．新興国として発展を遂げつつも，それを支える人材育成システムに綻びのみられるインドにおいても，こうした動きに連動するように，教育の成果を重視し，これを評価していこうとする傾向がうかがわれる．第12次5カ年計画では，「アクセス」「公平性」「質」「ガバナンス」に加え，「学習成果（ラーニング・アウトカム）」が，すべての教育段階で優先事項とされ，これを評価するための指標開発が進められたり，試験改革が実施されたりしている．このような成果重視の方針は，政府の資源配分のあり方にも影響を与え，成果に基づく補助金支給の検討が進められている．

　質や成果の面での改革が急務とされる一方，インドでは政府のガバナンスが機能せず，改革のスピードを押しとどめている．こうしたなか，第12次5カ年計画では，教育の質や成果を改善する手段として，教員養成プログラムの開発に加え，民間のプロバイダーの積極的関与が，すべての教育段階で奨励されている．第12次5カ年計画では，官民連携は，政府の役割を補完するものとしてとりわけ重視されているが，民間のプロバイダーの拡大が，機会格差の拡大につながらないよう，社会的弱者層に対する奨学金支給や特別枠の設置など，公平性を確保するための仕組みの導入も重視されている．

　本章では，国家計画委員会の策定した第12次5カ年計画をもとに，インドの教育計画について概観してきた．第12次5カ年計画の最終年度である2016-17年度現在，モディ政権下で新たに設置された国家インド革新委員会は，当計画がどの程度達成されたかを評価しているところである．65年間にわたり策定されてきた5カ年計画は2016-17年度をもって廃止され，今後は，国家インド革新委員会がインドの教育の方向性を示すこととなる．新自由主義的改

革を進めるモディ政権のもと，国家インド革新委員会は，どのような目標を設定し，どのような改革の方向性を示すのか，またその実行の効率性やスピードは，高まる国民の教育期待に応えることができるのか，今後の動きに注目が集まる．

注）
1) ダス（2013）p.22.
2) Ghosh（2015）.
3) Anonymous（2016）.
4) 3年間のアクションプラン，7年間の戦略，15年間のビジョン報告書を意味する．
5) 作業部会は，運営委員会の指導のもと，現行の計画の見直し，評価可能な中期達成目標の設定，計画の詳細な展望と戦略の検討，目標を達成するための効果的な方法の提案，各教育指標の修正，必要経費の見積もりなどを行う．
6) 第12次5カ年計画における教育に関する計画は，第3編「社会セクター」第21章の「教育」に約80ページにわたって説明されている．第12次5カ年計画は，第1編「より速くより包括的で持続可能な発展」，第2編「経済セクター」，第3編「社会セクター」の3編からなる．
7) 2009年に64の国が参加し，2009+には，10カ国が参加した．
8) タミル・ナドゥー州は，読解力72位，数学的リテラシー72位，科学的リテラシー72位で，ヒマーチャル・プラデーシュ州は，読解力73位，数学的リテラシー73位，科学的リテラシー74位であった．PISAでは，読解力，数学的リテラシー，科学的リテラシーの3つの能力について，それぞれ6段階に分類して評価しており，日常場面でこうした能力を積極的に活用できるレベルをベースラインレベル（6段階のうち第2段目）と設定している．PISA 2009と2009+では，OECD諸国の生徒の81%が，ベースラインレベル以上の読解力をもっていると評価されたのに対して，タミル・ナドゥー州では83%，ヒマーチャル・プラデーシュ州では89%の生徒が，ベースラインレベルに達していないという結果であった．また，数学的リテラシーについては，OECD諸国の生徒の75%がベースラインレベル以上であったのに対して，タミル・ナドゥーでは85%，ヒマーチャル・プラデーシュでは88%の生徒がこれに達していなかった．さらに，科学的リテラシーについては，OECD諸国の生徒の82%がベースラインレベル以上であったのに対して，タミル・ナドゥー州では84%，ヒマーチャル・プラデーシュ州では89%の生徒がこれに達していなかった．Walker, Maurice（2011）．PISAでは，さらにPISAで用いられている言語が家庭で用いられている言語と異なると感じたかどうか生徒に質問しており，そのように感じたと回答した生徒は，アメリカでは12.87%であったのに

第2章　インドにおける教育計画　37

対して，ヒマーチャル・プラデーシュ州では 30.77% であったことが報告されている．Cavanagh, Sean（2012）．インド政府は PISA の試験はインドの学生の社会文化的環境に合致しておらず，不公平であるとして，2012 年，2015 年は不参加を表明している．

9）Pratham（2012）．

10）第 12 次 5 カ年計画の時点では，126 万人分の教員ポストが欠員状況にある．

11）定期的かつ時間通りに出勤すること，政府の定めるカリキュラムを実施し終わらせること，一人ひとりの子どもの学習能力を評価し，必要があれば補習授業を行うこと，保護者に子どもの出席状況や学習能力，学習の進度などを知らせるため，定期的に会合を開くことなどが義務として定められている．

12）政府から補助を受けておらず，生徒の授業料収入をおもな財源としている無補助私立学校．

13）小原（2014）．

14）Planning Commission, Government of India（2013）p.64. 計画では，「いくつかの州はこの点に関して，すでに柔軟なアプローチを用いた州法を実施している」ことが述べられている．ここでいう「いくつかの州」とは，デリー州やグジャラート州など，私立学校に対する認可条件の緩和を提案・実践している州であると考えられる．

15）計画では，「民間の教育プロバイダーが，質の高い教育を提供し，透明性の高い運営を行うことにコミットし，説明責任を果たすという条件のもと，これらの主体によるさらなる学校設置を奨励する」と説明されている．

16）2002 年に，途上国で普遍的かつ質の高い教育を提供するために設置された．

17）セイブ・ザ・チルドレン，チャイルド・ファンド・インターナショナルなど．

18）南アジアからは，ネパール，パキスタンからの専門家が参加している．

19）中央中等教育委員会は，1920 年代に英語を教授言語とする中等教育が拡大する中で設置された．中央学校，州立学校，私立学校の修了者に対して資格を与えている．

20）州の公用語を教授言語とする多くの政府系学校が州立中等教育委員会の試験に参加している．

21）これらの試験は同じカリキュラム枠組みを参考にしているものの，個別に作成されており，用いる言語も異なる．そのため，インドには生徒の学習到達度を全国レベルで把握できる試験はなく，学習到達度の比較は同一試験を受験した者の間でのみ可能となっている．こうしたなか，政府は中等教育段階の生徒の学習到達度を各州の間で比較可能にする全国学習到達度調査の開発に取り組んでいる．

22）http://www.cbse.nic.in/cce/index.html（最終アクセス日：2016 年 10 月 10 日）．

23）ここには，学習の総合的な達成度合いの測定を目的とした総括的評価と，学習過程における達成度合いの測定と，不足部分や改善箇所の特定を目的とする形成

的評価が取り入れられている.

24) Planning Commission, Government of India, op.cit., p.73.

25) 第 11 次 5 カ年計画では, 98 の私立大学, 17 の私立大学同等機関, 7,818 の私立カレッジ, 3,581 の私立ディプロマ教育機関が設置されている. 私立の高等教育機関と比較すると, 中央政府が設置した高等教育機関の数は 65 と少ないが, これは 5 カ年計画の一期間中に中央政府が設置した数としては最多とされる.

26) Planning Commission, Government of India, op.cit., p.120. 残りの 40％は, 公的資金を受ける教育機関に在籍している. これらの機関の授業料はかなり安く設定されているが, 支払能力のある学生たちに恩恵を与えているという指摘を受け, 授業料の引上げが提案されている.

27) 計画では, オンライン教育と対面型授業をあわせた「ブレンド学習」が提案されている. ブレンド学習は, 対面型の授業の前にオンラインで提供された教材を用いて学習しておくことで, 対面型授業を効率的に行うことができるという利点がある. MOOC については, インド各地の地方語への翻訳や, インドの文脈に置き換えた再編が提案されている.

28) インドではファカルティ・ディベロップメントを実施するために, 66 のアカデミック・スタッフ・カレッジが設置されているが, その多くは十分に機能しておらず, プログラムの内容や方法論の改善が求められている. 計画では, 専門性を持つ教員による教科に特化したモデルカリキュラムの開発や, オープンソース教材などのような再利用可能なデジタルコンテンツの開発の必要性が述べられている.

29) 第 12 次 5 カ年計画ではさらに, 国内で定評のある既存の教育機関に, 世界水準の研究センターとして 20 の「センター・オブ・エクセレンス」を設置したり, 理学, 工学, 社会科学分野の最先端領域の訓練・研究を行う 50 のセンターを設置したりすることも検討されている.

30) 2013-2014 年に約 20 億円の公的資金を投じて設置されている.

31) Alya Mishra（2012）. 第 12 次 5 カ年計画の期間が終わるまでに, 20 の高等教育機関が「イノベーション大学」として認定される見込みである. これらの大学は, 政府, 民間, あるいはその両方によって設置される予定で, 著名な教員を国内外から招聘したり, 世界水準の研究センターからの指導を得たりすることが期待されている. また学生の 50％はインドの学生とするが, 外国からの学生や研究者の参加も広く募ることが予定されている.

引用・参考文献

小原優貴（2006）「知識社会に向けたインドの教育政策」山内乾史編『現代アジアの教育計画（上）』 学文社, pp.134-146.

小原優貴（2014）『インドの無認可学校研究―公教育を支える「影の制度」』東信堂

ダス・ラジブ（2013）「インド経済政策の担い手『計画委員会』―その足跡と役割―」『海外投融資』pp.22-23.

https://www.joi.or.jp/modules/downloads_open/index.php?page=visit&cid=17&lid=1411

Alya, Mishra（2012）"New Bill on Innovation Universities to Boost Research, Collaboration", *University World News*, May 23, issue No.223.

http://www.universityworldnews.com/article.php?story=20120523125757485

Anonymous（2016）NITI Aayog completes appraisal of 12th Five-Year Plan, *The Hindu*, June 22.

http://www.thehindubusinessline.com/economy/policy/niti-aayog-completes-appraisal-of-12th-fiveyear-plan/article8760789.ece

Cavanagh, Sean（2012）*U.S. Education Pressured by International Comparisons*

http://www.burlington.org/departments/library/docs/GD_education.pdf

Ghosh, Anirvan（2015）5 Ways in which Niti Aayog will be Different from the Planning Commission, *The Huffington Post*, January 4.

http://www.huffingtonpost.in/2015/01/04/5-ways-in-which-niti-aayog-will-be-different-from-the-planning-c/

Planning Commission, Government of India（2013）*Twelfth Five Year Plan 2012-17, Social Sectors, Vol.3.*

http://planningcommission.gov.in/plans/planrel/12thplan/pdf/12fyp_Vol3.pdf

Pratham（2012）*Annual Status of Education Report（Rural）2011.*

http://pratham.org/images/Aser-2011-report.pdf

Walker, Maurice（2011）PISA 2009 Plus Results : Performance of 15-year-olds in *reading, mathematics and science for 10 additional participants*

http://research.acer.edu.au/cgi/viewcontent.cgi?article=1000&context=pisa

国家インド革新委員会ホームページ

http://niti.gov.in/

ブルッキング協会学習測定法特別委員会ホームページ

https://www.brookings.edu/learning-metrics-task-force-2-0/

最終アクセス日はすべて，2016 年 10 月 10 日．

第3章

東南アジアの教育計画と
質向上のための課題

1 はじめに

　本章では東南アジアの教育計画と質向上について取り上げる．東アジアと南アジアの間に位置する東南アジアは，およそ大陸部と島嶼部から構成されている．大陸部はミャンマー，タイ，ラオス，カンボジア，ベトナムの5カ国からなり，島嶼部はインドネシア，マレーシア，シンガポール，ブルネイ，東ティモール，フィリピンの6カ国で構成されている．

　東南アジアが東アジアや南アジアと異なる点は，域内に中国やインドのような突出した人口規模と政治経済上の影響力をもつ国がなく，人種や宗教は多様であり，各国が独自の歴史と文化を育んできたことである．たとえば政治体制をみると，大統領制をとるインドネシアやフィリピン，立憲君主制のタイやマレーシア，共産化したベトナム，ラオス，カンボジアなど多様である．宗教については，大陸部に広く普及している仏教，島嶼部に浸透しているイスラム教，フィリピンや東ティモールに普及しているキリスト教など，これまた多種多様である．人口規模をみても，40万人程度のブルネイから約2億5千万人のインドネシアまで，差異がきわめて大きい．

　こうした東南アジア諸国の数少ない共通点は，タイ以外のほとんどの国が独立以前に欧米諸国による植民地化や旧日本軍による軍政を経験していることで

ある．もうひとつの共通点は，加盟申請中の東ティモールを除けば，いずれの国も ASEAN（東南アジア諸国連合）のメンバーだということである．設立当初の ASEAN は反共産主義の砦としての性格が色濃かったが，1990 年代にベトナムなどのインドシナ諸国が加わった後は，東南アジア全体の地域共同体としての結束を促す役割を担っている．このように，ASEAN に加盟しているという点以外には際だった共通性がないことが東南アジアの特徴であると表現できよう．各国の教育計画のあり方も，それぞれの国の置かれた状況によって大きく異なる．

　本章では教育目標を達成するための方法や手段として，教育計画を位置づける．紙幅の制約上，東南アジアのすべての国を扱うことはできないので，大陸部と島嶼部でそれぞれもっとも人口規模の大きいベトナムとインドネシア，そして唯一の内陸国家であるラオスをとりあげる．本章では教育計画について，これら 3 カ国の教育計画に共通する特徴や教育の質向上を図る上での本質的な課題について指摘したい．

2 ベトナムの教育計画と質向上への取り組み

（1）現在の教育状況

　ベトナム（正式名称は「ベトナム社会主義共和国」）は南シナ海に面して南北に細長い国土を持ち，東南アジア大陸部で最大の人口を擁する（9,270 万人：ベトナム統計年鑑 2016 年版）．共産党が事実上の一党独裁を行う社会主義国であるが，1986 年以来のドイモイ路線によって社会のあらゆる分野で市場経済化が浸透している．教育制度は小学校 5 年，中学校 4 年，高校 3 年の 5-4-3 制となっており，小学校と中学校は義務教育である（2005 年教育法）．

　このうち公立小学校の授業料は無料と定められているが（同法第 105 条第 11 条），実際には教材費，給食代，制服代などの諸経費が必要となる．政府資料によると，実際の純就学率は 2010 年時点で小学校 97%，中学校 83%，高校 50

％である[1]．義務教育であるはずの中学校の授業料は有料であり，しかも農村部ではまだ普及自体が遅れている．つまり，字義通りの義務教育にはなっていない．中学校や高校の普及は地域間格差が大きく，農村部や山間部，少数民族が多く居住する地域では低く，反対にハノイ市やホーチミン市のような大都市や平野部では普及度は高い．経済成長による生活水準の向上に伴って教育普及は全国的に進みつつあるが，地域間格差はなお大きい．

高等教育の就学率を示す公的資料はないが，大学と短大の機関数は436校，就学者数は236万人にのぼり（2014学年度）[2]，量的普及は急速に進んでいる．ただし高等教育機関は都市部に集中しているため，居住地域による教育機会の差は大きい．なお，すべての教育段階において公立学校が多数を占めるが，いずれの段階においても私立学校は数多く存在する．

職業教育機関としては中級レベルの技術者を養成する中級職業学校と，技能工を養成する職業訓練校がある．上記の高校は日本のいわゆる高校普通科に相当し，中級職業学校は日本の専門高校に相当する．高学歴志向のベトナムでは中級職業学校の人気は近年低下しており，就学者数は減少傾向にある．

教員養成制度については次のようになっている．保育士や幼稚園教員の養成は中級師範学校（中級職業学校のひとつ）で行っている．小中学校教員の養成は3年制の師範短大および4年制の師範大学で行われる[3]．高校教員の養成は4年制の師範大学で行われる．師範系の大学・短大を卒業すれば当該教育段階の教員免許が与えられる．師範系以外の学部を卒業して教員を目指す場合は，一定の教職科目を履修することが必要となる．

(2) 教育に関する法体系の整備

ベトナムの教育に関する法体系は，① 2013年憲法，② 国会が可決した各種法律（2005年教育法[4]，2012年高等教育法，2014年職業教育法など），③ 教育訓練省が通達する各種規則や規定という階層構造になっている．これらの法体系のなかで教育の目標がどのように設定されているかを見てみたい．

ベトナム 2013 年憲法は 1992 年前憲法を全面的に改正し，新たに人権や市民権について規定した．その一方で，同憲法はベトナム共産党を「国家と社会の指導勢力」と規定している．また，市場経済を認めつつも国営企業を中心とする経済体制を維持することを明記している．こうした特徴から，同憲法の保守色が強い点を指摘する声もある[5]．

同憲法における教育条項は次のようになっている．まず第 37 条では「国家，家族及び社会は，子どもを保護し，世話をし，教育する．（中略）国家，家族及び社会は，成人が学習し，労働し，娯楽を享受し，体力や知恵を伸ばし，道徳や民族の伝統，公民意識を育むための条件を創り出す」とあり，教育に対する国，家族，社会の責任を明記している．第 39 条では「国民は学習する権利及び義務を有する」とあり，学習権を明記している．その上で，第 61 条では「教育の発展は，民度を高め，人的資源を発展させ，人材を育成するための第一の国策である」と定められている．これらの記述からは，教えることと同時に学ぶことを尊重する今日の世界的な趨勢をベトナム政府が意識していること，および教育・学習活動を支援する責任を負うのは国だけでなく，国は家族や社会にも協力を求めていることが読み取れる．

2013 年憲法に先立つ 2005 年教育法は，ベトナム初の体系的な教育法規である 1998 年教育法を全面的に改正したものである．1998 年教育法が市場経済化という方針のなかで教育普及をどう図るかを重視した内容であったのに対して，2005 年教育法は一定程度普及した教育の質や水準をどのように高めるかという性格が色濃くなっている．教育の目標については，同法第 2 条でベトナム人の全面的な発達にあるとし，「道徳，知識，健康，審美眼，職業を備え，民族独立の理想と社会主義に対する忠誠を誓い，国民としての人格と資質，能力を養い，祖国の建設と防衛事業に資する人材の養成を目標とする」と定めている．続く第 3 条では，「ベトナムの教育は人民的，民族的，科学的，現代的な性格をもつ社会主義教育であり，マルクス・レーニン主義とホーチミン思想を基礎とする」と明記している．法体系からいえば逆順になるが，この 2005 年教育

44

法に整合するように 2013 年憲法の教育条項が整備されたことになる.

　教育訓練省が定める各種規則や規定は数多くあり，同省ホームページを通じて公開されている．たとえば，2015 年 2 月 26 日には「大学・短大正規課程への入学に関する規則」が教育訓練大臣名義で各教育機関に通達されている．これは受験生にとって負担感の大きかった高校卒業試験と大学入学試験を両方受ける現行制度を変更し，高校卒業試験の結果を大学入学選抜に活用する方式に改正したものである．これまでベトナム政府は個別政策を行う際には，このような規則通達の形で下部機関や一般市民に知らせてきたが，相互に重複や矛盾がみられることが少なくなかった．このため今日では既存の規則や規定を整理して，法律の形に体系化する作業が進められている.

(3) 現在の教育計画

　上述したように，ベトナムの教育は 2013 年憲法と 2005 年教育法において基本目標や性格が規定されている．ただし，現実の社会情勢の変化によって教育ニーズは変化するので，法体系とは別に具体的な教育計画が必要となる.

　ベトナム共産党は 2011 年 1 月の第 11 回党大会で『社会経済発展戦略 2011-2020 年』を承認している．同戦略では，2020 年までに近代的な工業国になる国家目標を達成するための教育目標として，「人材の質を向上させ，教育・訓練を全面的に刷新し，迅速に発展させること」が強調されている．具体的には，「教育の質向上に集中する」「すべての教育段階において認証評価を実施する」「2015 年以後に普通教育（小学校から高校まで）の新カリキュラムを導入するための積極的な準備を行う」ことが明記されている[6].

　この『社会経済発展戦略』の基本方針に基づき，さらに詳細な教育戦略を設計するために『教育発展戦略』（以下，教育戦略）およびその行動計画が策定されている．教育戦略は首相決定により 2011-2020 年版が 2012 年 6 月に公布されている．教育戦略の内容を見てみると，①2001-2010 年段階における教育状況：成果と問題点，②2011-2020 年段階における教育の背景，機会，挑戦，

③ 教育発展の指導観点，④ 2020 年までの教育発展目標，⑤ 2011-2020 年段階の教育発展方略，⑥ 戦略の実施組織，という順に構成されている．

① ではベトナム教育の内部環境を総括し，② はこれから予想される外部環境の変化について記載している．④ では，道徳教育，生活スキル，創造的能力，実践能力，外国語能力，IT 能力などにわたって全面的に教育の質を高めること，教育において社会的公正と生涯学習の機会を保障することなどを目標として明記している．純就学率については，小学校を 99％に，中学校を 95％に，高校その他の学校を 80％に引き上げることを明記している．これらの目標を達成するために，⑤ では 8 つの方略について記載している．その主な内容は次の通りである．

a. 教育管理の刷新
　・教育に関する国家基準を策定する
　・学習者が教員を評価し，教員が管理職を評価する仕組みをつくる
　・教育の質と効果に関する社会監査を実施する
b. 教員集団と教育管理職の能力開発
　・師範大学，各大学の師範学科の建設投資に力を入れる
　・幼稚園教員と小学校教員の全員が国家基準を満たす
c. 教育・学習，試験，教育の質に関する検査・評価内容および方法に関する改革
　・2015 年から普通教育カリキュラムと教科書の改革を実行する
　・2020 年までに小学校の 90％と中学校の 50％を全日制とする
　・客観性や公平性を高めるために高校卒業試験と大学入学試験を改革する
d. 教育への投資額増加と教育財政制度の改革
　・国家予算に占める教育への支出を 20％以上に引き上げる
　・国際水準を満たす大学，重点学校，才能学校等への建設投資を優先的に行う
　・学校建設用の土地購入資金を用意し，大学集中地区と学生寮を優先的に建設する

・新しい学費制度を導入する

e. 教育訓練の実践への活用，科学研究と技術移転の強化，社会ニーズへの対応

　・国内外の企業や投資家が職業教育機関や大学を設立することを奨励する

　・各教育訓練組織のなかに科学技術企業を設立する

f. 困難な地域，少数民族，社会政策の対象者への教育支援の強化

　・少数民族地域や経済社会的に困難な地域の学校教員に対する優遇措置を設ける

　・特別支援学校の教員に対する優遇政策を設ける

g. 教育科学の発展

　・教育科学の基礎研究を優先的に行う

　・国の教育科学研究機関と重点師範大学の研究能力向上のために集中投資を行う

h. 教育の国際協力の拡大と効果向上

　・重点大学と国家研究院が国外でのランキングを上げるように奨励する

　・ベトナム国民が外国に私費留学することを奨励・支援する

　各方略の内容を精査してみると，いくつかの特徴が読み取れる．第一は，評価，試験，カリキュラムなどの制度を通して，教育の質への管理を強化しようとする方向である．第二は，限られた教育財源を成果に基づいて配分しようとする意図である．第三は，国の教育財源は限られているので，民間企業や各家庭，国際社会による教育への投資を期待していることである．第四は，教員養成の重視，すなわち師範大学などの教員養成機関や教育研究への充実を図っていることである．

(4) ベトナムの教育計画に関する課題

　ベトナムの教育計画にはいくつかの課題がある．

　第一は，財源の裏づけが不十分なことである．上記のような政策を実施する

ためにはどれほどの財源が必要であり，それをどうやって捻出するのかという点についてはまったく記載されていない．10年おきに策定される発展戦略が必ずしもこれまで十分に達成できなかったのは，財源の見通しが示されてこなかったことが主要因のひとつだろう．第二は，各政策が総花的に列記されているため，それらの優先順位，すなわち限られた財源をどこに集中投入すればよいかがわかりにくい．第三は，教育の質という言葉が繰り返し登場するにもかかわらず，教育の質とは何か，教育の質をどのようにしたら高めることができるかという本質的な議論がほとんどみられないことである．

　「① 2001-2010 年段階における教育状況：成果と問題点」では，ベトナム教育の弱点に関する要因分析もなされているが，それらは具体性に欠けると言わざるを得ない．たとえば，「各レベルの党委員会や地方政府が教育発展戦略に対して十分な関心を持っていない」「教育に関する思考が時代遅れとなっている」「市場経済化の負の影響として，教育がますます受け身になっている」というステレオタイプの記述があるが，なぜそのような状況になっているのかという具体的な点については言及されていない．多くの発展途上国では，教育計画と実際の教育状況に大きな乖離があることは珍しくないが，ベトナムも論をまたない．

3　インドネシアの教育計画と質向上への取り組み

（1）教育状況と教育計画

現在の教育状況

　インドネシアは，パンチャシラとよばれる国家五原則を基礎とし，広大な国土と多様な民族をインドネシア国民として統合するための教育政策を推進してきた．1998 年以降は，「改革（レフォルマシ）」体制に移行し，教育分野においても，地域の多様性と自律性を尊重する教育が強調されるようになっている．

　インドネシアでは日本と同じく 6-3-3-4 制をとり，義務教育は 9 年間である．

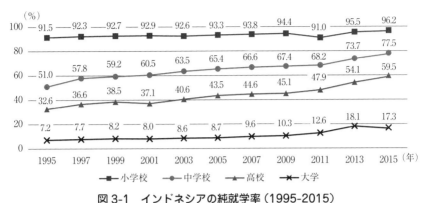

図 3-1　インドネシアの純就学率（1995-2015）

出所）中央統計局ホームページ http://www.bps.go.id/linkTabelStatis/print/id/1525 より作成．（2017年10月1日アクセス）

また，教育文化省管轄の一般学校の他に，宗教省管轄のイスラーム学校があることも特徴である．高校は一般高校とイスラーム高校のほか，職業高校と職業イスラーム高校がある．

図3-1は各教育段階の純就学率の推移を示したものである．2015年の純就学率は，小学校96.2％，中学校77.5％，高校59.5％，大学17.3％であり，1995年と比べるとすべての教育段階で純就学率は上昇している．しかし，義務教育にあたる基礎教育の完全普及は現在も達成されておらず，教育を受ける機会の保障という観点からも課題を残している．また高校の純就学率はようやく6割に近づいたところである．

現在の教育計画

インドネシアでは現在，国の発展計画として長期計画と中期計画が策定されている．現行のものは「2005-2025年国家長期発展計画」（RPJPN）と「2015-2019年国家中期発展計画」（RPJMN）である．教育文化省は，前者を踏まえて「2005-2025年長期国家教育発展計画」を，後者を踏まえて「2015-2019年教育文化省戦略計画」を策定している[7]．

「2015-2019年教育文化省戦略計画」では，これまでに達成された教育の成果が評価されつつも，現在の課題と今後の目標が示されている．現在の課題として同計画では，(1) 質の高い就学前教育の機会が現在なお限られていること，(2) 質の高い基礎教育の提供がまだ十分に実現されていないこと，(3) 後期中等教育を受ける機会や質の保障，教育の適切性が現在もなお達成されていないことが挙げられている．そして (2) については，基礎教育へのアクセスは確実に上昇しているものの，退学の問題や，中学校段階での地域間・社会経済階層間の格差の大きさが指摘されている．

これらの課題に対して，同計画では到達すべき目標が示されている．項目は多岐にわたるが，それらの内容は主として以下の2点に要約できる．第一に教育の質を向上させるという目標である．同計画では，専門職としての能力ある教師の育成や，国家教育基準を満たす教育の充実，信頼性のある認証評価の提供が掲げられている．第二に格差を是正するという目標である．同計画では，すべての州，県，市で隔たりのない教育を提供する必要があること，また個人の経済状況や性別，出身地にかかわらず平等な教育が受けられるようにすることが目標として掲げられている．

専門職としての教員の位置づけ—教員・大学教員法による改革

同計画でも示されているように，専門職としての教員の育成は，教育の質の向上を目指すインドネシアにとって重要な課題である．具体策として政府は，2005年に教員・大学教員法[8]を施行し，教員を専門職として位置づけ，待遇を改善する施策を行っている．

同法は，インドネシアで初めての教員に関する法律である．インドネシアでは以前から，教員の量的不足と教員の質，そして教員に対する待遇の低さが問題となってきた．また，発展が進んでいるジャワ島の都市部の教員数は多いが，地方の教員数はいまだ不充分であるというように，教員数の偏在も問題である．同法の目的は，教育の質の向上のために教員を専門職に位置づけ，それに見合

50

う待遇を実現することであるとされている.

　同法により，教員の基礎資格が変更となった．基礎資格とは，最低限満たすべき学歴を意味する．従来，小学校教員は高校卒業後，小学校教員養成課程をもつ高等教育機関で2年間のディプロマ課程（D2），中学校教員の場合は中学校教員養成課程をもつ高等教育機関で3年間のディプロマ課程（D3），高等学校教員の場合は，高校教員養成課程をもつ高等教育機関で4年間の学士課程（S1）もしくは4年間のディプロマ課程（D4）を修了することをその基礎資格としてきた．それが同法によって，小学校から高等学校の教員の基礎資格が4年間の学士課程もしくは4年間のディプロマ課程の修了となった．

　また同時に，同法により，教員免許が制定された．教員免許は，基礎資格を満たすことで自動的に与えられるものではなく，すべての教員はこの法律に定められた基準を満たすことではじめて教員免許が与えられる．現職教員も同様で，教員免許を新たに取得することが求められ，教員免許が与えられた教員に対しては専門職手当が支給されるようになった．

　同法の制定以降，現行の基礎資格を満たしていない教員が学士を得るための「現職教員学士研修」や，新たに制定された教員免許取得を支援する「教員免許研修」が開催され，現職教員研修を通した教師の質の向上の取り組みが進められている．

学校の質的向上—学校認証評価による改革

　各学校における教育の質を向上させるため，2005年に政令によって国家教育基準[9]が示された．これを受けて教育質保証機関[10]が設立され，国家基準が満たされるよう，公立私立を問わず全国の学校に対して認証評価が行われるようになっている．認証評価は，学習内容・プロセス，卒業生のコンピテンシー達成度，教員のほか，施設・設備，学校運営，費用などについて評価され，総合点によってAからCの評価が与えられる．たとえば2017年に公表されている一般の小学校に関する認証評価では，104,279校のうち，A評価は25.5%，

B 評価は 60.9％，C 評価は 13.6％であった[11]．しかし，州によって認証評価の実施にばらつきがあり，今後の課題となっている．

(2) 教育政策・計画に関する考察
格差の是正―平等と卓越性のバランス

インドネシアでは，「多様性のなかの統一」を国是として，地域の多様性を包摂しつつ，すべての国民が平等に教育を享受できるよう国民教育の形成が進められてきた．一方で，グローバル世界を生き抜くために，国際競争力強化の教育改革が進められている．このように，インドネシアでは近年，他の東南アジア諸国と同様，平等と卓越性のバランスが課題となっている．

前述したように，インドネシアでは就学率や教育の質という点において地域間格差の問題が深刻である．図3-2は，小学校から高校までの純就学率を，ジャカルタ，中部ジャワ州，東ヌサトゥンガラ州，パプア州の4つの都市・州別にみたものである．小学校段階では，パプア州78.7％と中部ジャワ州96.6％の差は約18ポイントとなっており，格差がみられる．中学校段階では，ジャカルタと中部ジャワ州が80％前後であるのに対して，東ヌサトゥンガラ州66.6％，

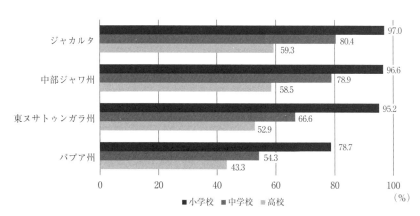

図 3-2　インドネシアの地域別純就学率（2016）
出所）中央統計局ホームページ http://www.bps.go.id/linkTabelStatis/print/id/1525 より作成．（2017年10月1日アクセス）

52

パプア州 54.3 % と隔たりがある．高校段階でも，ジャカルタ 59.3 % に対し，パプア州は 43.3 % である．このような状況に鑑みて，政府は地域間格差の是正を施策として掲げているが，格差の解消にはまだ時間を要することが予想される．

　一方，国際競争力強化のための教育改革も同時に進められている．その一例として 2003 年国民教育制度法では，中央政府と地方政府は各教育段階で少なくとも 1 校，国際水準学校を設立することが定められている．国際水準学校とは，国が定めた国家教育基準を満たし，かつ先進国の教育基準も取り入れた学校と定義される．これにより各地で，国際水準学校が設立あるいは認定された．国際水準学校の具体的な指標には，教員の学歴，校長の資質，バイリンガルによる教授活動，先進国との姉妹校協定などが含まれた．たとえば教員の学歴では，修士以上の学位を持つ教員が小学校で最低 1 割，中学校で 2 割，高校で 3 割必要とされた．校長も修士以上の学位をもち，外国語（英語）の運用能力をもつことが条件とされた．そして一定の科目の授業は英語で行われた．さらに学校運営については，ISO9001[12) の取得が必要とされた．

　このような改革は，インドネシアの教育の質の向上に一定の役割を果たしたものの，他方で社会階層間の格差をもたらす結果となった．2013 年 1 月 8 日，憲法裁判所は国際水準学校設立の法的根拠となる 2003 年国民教育制度法第 50 条 3 項が，国民の平等に教育を受ける権利という観点から憲法の精神に沿わないという判決を下した．そのため，現行の国際水準学校は廃止されることとなり，新たな形の学校形態が模索されている．2015-2019 年教育文化省戦略計画においても，この旧国際水準学校が今までと同様，グローバル・スタンダードを維持できるように教育の質保証をすることが課題として認識されている．

　以上のように，インドネシアでは教育の機会均等を基本とする平等性と，グローバル時代で必要とされる卓越性を同時に推進することが求められており，そのバランスが問われているといえる．

教師の質の向上と認証評価の課題

　前述のように教員・大学教員法の制定により，教員の基礎資格は学士課程・ディプロマ4年制課程修了に変更となると同時に，教員免許の取得も推進されている．また，すべての教育機関が認証評価を受けることが義務づけられた．しかし，前述したように認証評価を受けた学校は，いまだ充分とはいえない状況である．

　図3-3は，インドネシアにおける現行の基礎資格を満たしている教員の割合および教員免許の取得率を示したものである．まず，基礎資格をみてみると，小学校がもっとも低く50.8％となっている．現職教員学士研修は2006年から始まり，最初の対象は小学校教員とされた．この研修が始まった当初，基礎資格を満たす小学校教員は約15％とされていたことから考えれば顕著な成果がみられるものの，引き続き研修が必要であることがわかる．次に，教員免許についてはいずれの教育段階についても取得率は50％を割っていることから，引き続き教員免許取得を支援するための教員免許研修が必要である．その後，基礎教育を満たしている教員の割合も教員免許の取得率もさらに上昇し，教師の質の向上政策は，積極的に進められているものの，達成にはもう少し時間がかかることが予想される．

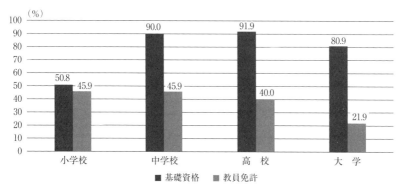

図3-3　インドネシアにおける教員の基礎資格および教員免許の取得率（2011）
出所）中央統計局ホームページ http://www.bps.go.id/ より作成．（2017年10月1日アクセス）

54

以上みてきたように，インドネシアでは教育の普及と同時に教育の質の向上が目指されているが，いまだ課題も多い．一方で，国際水準学校の例でみたように，グローバル化対応の教育政策も進められ，それに対する議論も活発になっている[13]．

平等と卓越性を同時に目指すインドネシアの教育政策は挑戦的であり，順調に進められていると評価できる．しかし，これらの教育改革は社会に新たなひずみを生み出し，急速に進められる教育改革に教育現場がその対応に苦慮している状況もみてとれる．教育現場に導入される競争主義がさらなる格差の拡大を生み出さないよう配慮することが求められるであろう．

4 ラオスの教育計画と質向上への取り組み

（1）教育状況と教育計画

現在の教育状況

ラオスでは仏領時代，フランスがラオス国内の教育制度を整備しなかったため，教育の発展は遅れていた．教育制度の改善に重きを置くようになったのは，1987年の経済自由化についで，1990年の「万人のための教育会議（EFA）」に参加してからのことである．

現在のラオスの教育は，就学前教育，初等教育，中等教育（前期中等教育・後期中等教育），そして大学や専門学校などを含む高等教育に分かれている．教育行政を統括し，教育事業の中心となっているのは教育スポーツ省で，地方には県教育スポーツ局，郡教育スポーツ事務所が置かれている

教育分野における量的拡大は成功しており，2000年度の小学校の純就学率は81.0％であったが，2009年には91.6％，2012年度は95.2％，2014年度には98.5％を達成している（MOES 2012a, Lao Edu Info 2015）．中等教育の総就学率については，2008年度は63％であったが，2014年には78.1％に向上した．

このように教育状況は改善されたように思えるが，ミレニアム開発目標の

ゴールとした初等教育修了率は，78.3%（2015）に留まっている．また，初等教育の中途退学率，留年率は，ビエンチャン市では1.9%，3.7%であるが，サワナケート県ではそれぞれ7.0%，9.4%であるように，地域格差が残っている（2014）．さらに少数民族の学業成績は低く留年率も高いことから民族格差も解消されていない．

現在の教育計画

おおむね初等教育の普遍化を達成した現在のラオスにおける教育計画は，以下の通りである．

ラオスの教育計画は次の2種類に大別される．第一に，国家長期計画（10年），

表 3-1　ラオスの教育計画と概略

策定年	教育政策・教育計画	概　略
2000	Education Strategic Vision by 2010 and 2020「2010年，2020年までの教育戦略構想」	初等教育の拡大（純就学目標達成率は2010年：90%，2015年：95%，2020年：98%），前期中等教育の教育機会拡大および全教育レベルの質改善．
2004	Education for All National Plan of Action（EFA NPA）2003-2015「EFA 国家行動計画」	ミレニアム開発目標（MDGs：2004年）国家成長貧困撲滅戦略（NGPES：2004年）に合わせて策定．初等教育，前期中等教育，NFE教育への具体的戦略を計画．
2006	Sixth Five Year Plan of Educational Development 2006-2010「 第6次教育開発5カ年計画」	「第8回党大会決議（2006年）」「第6次社会経済開発計画5カ年計画（2006-2010）」「2010年，2020年までの教育戦略構想」をもとに作成．アクセスや質改善を目指す．
2007	National Education System Reform Strategy 2006-2015「国家教育システム改革戦略」	教育レベルを国際水準に押し上げ，国際競争力を強化していくことを計画．教育への社会の参画，教員の地位向上を重要視．
2009	Education Development Strategy Framework（EDSF）2009-2015「教育開発戦略枠組」	政府のオーナーシップやドナー支援の調和化，調整を目的とする統一の枠組みを策定．
2011	Education Sector Development Plan（ESDP）「教育セクター開発計画」2011-2015	「第7次国家社会経済開発5カ年計画（2011-2015）」に合わせて作成．
2016	Education Sector Development Plan（ESDP）「教育セクター開発計画」2016-2020	「第8次国家社会経済開発5カ年計画（2016-2020）」および「教育セクター開発計画」（2011-2015）の中間レビューに基づき作成．

出所）Ministry of Education（2004），乾（2006），津曲（2012），Ministry of Education and Sports（2015）をもとに作成

中期計画（5年）などに合わせて策定される計画である．たとえば，表3-1の「2010年，2020年までの教育戦略構想」は，2000年に国家長期計画や中期計画などに沿って策定された．この構想は当時の「第5次社会経済開発5カ年計画（2001-2005）」に沿ったものであり，初等教育，山岳民族，女子の就学の促進や教育の質の国際水準化を目標に含んでいる．それに続く「第6次教育開発5カ年計画」，「国家教育システム改革戦略」も同様であり，前者は，① 公平さとアクセスの改善，② 質の改善，③ 行政とマネジメントの改善の3本柱を課題として挙げている．後者は教育レベルの国際水準化のために，① 前期中等教育制度改革，② アクセスと質の改善，③ 教員と教育行政官の能力向上，④ 技術・職業教育の拡大の4本柱を課題に挙げている．

　第二は，国際的な優先課題やドナーとの取り組みに関連して策定した計画である．たとえば，2004年に策定された「EFA国家行動計画」は，ミレニアム開発目標のみならず，すべての外国援助事業の目標と対象を統合した計画であり，① 公正さとアクセス，② 質と適切性，③ 行政とマネジメントの3つを課題としている．また2009年に策定された「教育開発戦略枠組」は，これまで実現がなされなかったドナー間の援助協調を目指し，① 教育へのアクセス，② 質，③ マネジメントの3つの分野の改善に沿った計画を立てている．

　このように教育政策・計画は大まかに2つに分かれているうえ，教育セクターには多数の開発計画・戦略が混在していた．したがって，2011年に策定された，「教育セクター開発計画2011-2015」では，教育セクターとして統一した開発計画をもつという目的のもと，新しい計画（ESDP）が名づけられ，全教育レベルにおいて達成すべき優先課題が明確化された．優先課題としては，教員の不足と質の課題への取り組み，カリキュラム開発の継続，教育施設と教材の改善，マネジメント強化，教育行政官・管理者の能力向上，教育予算の確保（政府予算の17〜18%）などである．

　2015年に発表された「教育セクター開発計画2016-2020」では，同計画2011-2015の中期レビューおよび第8次社会経済開発計画5カ年計画をもとに，

次の3つの項目が優先されている．それらは，2007年の「国家教育システム改革戦略」を達成することとも関連し，特に地方の教育を改善すること，職業教育に魅力をもたせ，多様な分野において卒業生を輩出すること，スポーツを発展させ，選手のレベルを徐々に国際基準に近づけること，である．

以上述べてきたように，近年の教育計画は量的拡大から質的改善へ移行している．

教育の質の定義

津曲（2012）は，ラオスにおける近年の教育セクターにおける主要課題について，アクセス，質，行政とマネジメントの3観点からまとめている．その中で質については，不十分な設備・施設，教科書・教材不足，不十分な授業時間，不適切なカリキュラム，教員数や能力の不足，学習達成度の地域格差について挙げ，それぞれが深刻な状態にあると述べている．

それぞれの状況を概観すると，まず地方の学校では不完全学校[14]が依然多く，教材も教員も行き渡っていない．また教員の給与が低いため，インセンティブが高まらず教育に力が入らない．首都ビエンチャンでも質の問題が指摘されつつあり，生徒は質が悪い公立学校をやめて私立に流れる傾向があり，公立学校が閉鎖に追い込まれているケースもある．

次に，教育実習や現職研修の不足のために教員の能力が低い．また学習到達度テストの結果，数学の成績が国全体で低く，地方格差もみられる．カリキュラムを精査すると異なる学年で学習内容が重複していることもあり，教育行政のマネジメント不足が推察できる．

質的評価（教育の質保証センターの設立と実践）

ラオスでは，以上述べてきたような質の問題に対処するため，2008年教育省内に教育の質保証センター（Education Standards and Quality Assurance Center，以下，ESQACと記す）が設置された．ESQACはガイドラインの立案や，

初等教育，中等教育，職業教育，技術教育，高等教育の質保証の実現のための手法に責任を持っている（MOES, 2012b）．

　教育の質保証は，学校の数が少ない職業教育から始まり，続いて学校数が少ない高等教育を開始し，2014 年度に完了した．その後は初等教育，中等教育へと進んでいる．質保証は内部質保証と外部質保証に分けられている．内部質保証では評価項目に基づいて自己評価を行ったうえで，開発・改善策を策定する．外部質保証では他の機関から評価を受けるとともに，他の機関を評価する役割を担うことや外国の機関から評価を受ける（MOES, 2012b）．

　現在の評価基準は，ユニセフが作った Child Friendly School の基準をもとに，ESQAC が中心となり，JICA やマレーシア，タイの教育省とともに再作成したものである．現在の初等教育，中等教育の評価基準は，① 生徒に関する基準，② 教師・教授法に関する基準，③ 環境に関する基準，④ 教材に関する基準，⑤ 運営・管理に関する基準，⑥ コミュニティ参加に関する基準に対して，約 40 の指標が示されている（初等教育は 42，中等教育は 45）．これらの 6 基準は，前述した現在のラオスの教育の質の問題とある程度一致している．

(2) 教育政策・計画に関する考察
教育計画の問題点

　以上，ラオスでは自国の 5 カ年計画や国際的動向に沿って教育計画が立案されていること，そのなかでも質の改善が取り組まれていることについて述べてきた．次に，それぞれについて問題点を挙げていきたい．

　第一に教育計画や政策が乱立していることである．ラオス今なお政治体制として社会主義を維持しており，5 カ年計画に則って計画を立てているが，多くの支援を海外に頼っている結果，教育政策についても外国の影響を避けるわけにはいかない．たとえば，ミレニアム開発計画（MDGs），持続可能な開発目標（SDGs）や援助協調など，国際機関が主導する計画や方針に足並みを揃えるために，国内の教育計画もそれらに沿って変えているのが現実である．ラオスは

本当に必要とする計画を見失っているように思える.

教育計画・政策は地域のニーズや現状での問題点を反映することが求められる. 冒頭で述べたように, 現在のラオスの教育の問題は地域格差であるが, 現在の教育計画は国全体としての目標が掲げられ, 地域格差や少数民族の教育改善についてあまり触れられていない. 国際基準に追いつくための教育計画を掲げているのでは, 地方はさらに置き去りになる. ラオスが初等教育の完全普及を達成できないこと, 留年率, 中途退学が改善されないのは, 地方の状況が改善されないことが大きく影響している. 地方の問題を明確化し, ニーズを反映した計画にしない限り, 教育の質を高めることはできないであろう.

第二に, 教育の質保証に取り組もうとしているものの, そのための質的評価が適切に実行可能かということに疑問が残る. 現在, 初等・中等教育の基準として定められた6基準は, 教育の質の問題をカバーしているものの, ラオスの社会状況から見ると指標のレベルが高い. たとえば初等教育を例にとると, 6基準のひとつの教師・教授法の評価は, 継続的な研修への参加, 生徒のニーズに応じた学習補助, 地域の事情に合った教授法などを指標としているが, 地方の学校ではいずれも実現はむずかしい. また環境についての評価も, 読書教材の配置, 飲料水, 清潔なトイレの利用など, 山岳地帯の学校にはいまだ困難な指標が示されている. 全体的に都市部の学校を基準とした指標が設定されているように見受けられる.

さらに, 学校数が多いため, 評価がむずかしいことが問題である. なぜならば, 各県に置かれた県教育スポーツ局や郡教育スポーツ事務所では, 人材確保の困難さ, 低給与による離職, 担当者の異動などが影響し, 管理能力が低く, 教育スポーツ省からの指示や通達が届きにくいという問題があるからである.

初等教育の評価はすでに試行段階にある. 世界銀行が指定したFTI（Fast Track Initiative）の村から評価が始められているが, 現在の教育行政能力を考えると, 同様の評価内容・方法を全国8,000以上の小学校に一律に行うことはむずかしい[15].

教育の質と質評価についての課題

　最後に論点を整理すると，現在のラオスの教育計画の問題は，質の改善を重んじていながら，現状把握をできていないことである．教育政策・計画およびESQACの質的基準は，ラオスの教育セクターが国際基準に追いつくことを目指した，いわば模範的な枠組みであり，国家をあげて取り組むアプローチが示されている．本来解決すべきことは，ラオスの教育の質が改善できない根幹である地方の教員の能力不足，学力到達度の地域格差，留年や中途退学率の地域格差である．そのために，教員養成カリキュラムの検討，現職研修の充実，不完全学校の解消など具体的なアプローチが求められるのであるが，これらのアプローチは教育政策・教育計画のなかに具体的に言及されておらず，質保証の基準にも反映されていない．

　また前述したように現在の地方行政では，質の保証のための評価を実践することには課題が多い．以上のことから，教育計画については，地方の教育の質に関する事情を的確に把握し，質評価については，地方政府の管理能力も考慮して進めていくべきだと考えられる．

5　東南アジアの教育計画に関する問題点

　ベトナム，インドネシア，ラオスの教育状況を比較すると次のような共通点を見出すことができる．第一は，国の中長期にわたる発展計画に対応する形で中長期の教育計画が策定されていることである．教育計画の策定に際しては，国が主体的に策定する場合もあれば，国際援助機関が策定に大きな影響力を及ぼす場合もある．第二は，いずれの国にも現在の教育計画においては質の向上に重点を置いていることである．教育の質を担保するために認証評価の仕組みを整備しつつあることがわかった．このことは，3カ国とも初等教育の純就学率が95％以上に達し，量的な普及だけでなく水準の向上が重視されるようになってきていることを示している．第三は，教育の質を向上させる手段として，

学校教員の資質向上が重視されていることである．そのための教員資格，教員免許制度，研修制度などの整備が急務となっている．

　これらの国では教育計画を実施する上でさまざまな問題を抱えている．中央政府が策定する教育計画は自国の国際競争力を高めることを意識するあまり，都市部のエリート校への重点投資に目が向きがちである．反面，教育・学習資源の乏しい地方にとって実現困難な内容が少なくない．各国の教育省はともすれば教育計画を策定することが自己目的化しがちであり，実現するためにどのような現実課題を解決すべきか，どのように財源を確保・配分すべきかについて必ずしも十分に検討されていないことがある．教育計画が理想的であればあるほど，現実の教育普及や質向上と大きく乖離する可能性もある．

　東南アジア諸国には途上国特有の問題も存在する．ひとつは，政府が策定する教育計画自体の信用度が必ずしも高くないという点である．どんなに高い目標や厳しい規制を設定し，評価の仕組みを整備しても，途上国の教育現場では賄賂や汚職が横行しているために実際には規制が機能しない可能性もある．基準を満たさない教育プログラムであっても，賄賂しだいで黙認されてしまうこともある．その賄賂が教育関係者の生計を支えているので，これを撲滅することは構造的に容易ではない．また各種の入学試験や教員採用，教育行政官の採用などにおいても不正や縁故採用が日常的に横行している．こうした社会構造は生徒や保護者にも周知の事実であり，教育行政，学校教育，教員といった公共財に対する国民の信頼が十分に得られているとは必ずしもいえない．

　もうひとつの問題は，学校教員の給与水準が低く，給与だけでは生計を立てることがむずかしいことである．このためアルバイトが半ば公認され，アルバイト収入の方が教員としての本給よりも多いことは珍しくない．この状況では，教員が授業の質を高めるために創意工夫する余裕や意欲を高めることは至難である．都市部ではアルバイトの機会に比較的恵まれているので，教員はたとえ地域手当が支給されても農村部や山間部の学校に赴任したがらず，教育機会の地域格差を生み出す要因となっている．

62

いずれの国においても，教育の質向上を唱えるだけではそれを実現できるわけではない．地域の実情に即し，財源の裏付けを有し，明確な優先順位をもった実効性のある教育計画の策定が求められている．

本章は，はじめに，1，2，5 を近田政博，3 を服部美奈，4 を乾美紀が担当し，全体を近田が編集した．

注）

1) 『教育発展戦略 2011-2020』p.1.
2) 『教育訓練統計 2014-2015 学年度』p.9.
3) 2005 年教育法第 77 条には「小学校教員は中級師範学校の卒業資格を必要とする」とあるが，現在では小学校教員には師範短大の卒業資格が求められている．
4) 2005 年教育法は 2009 年 11 月に一部改正・追加が行われている．
5) 「ベトナム，憲法改正案を可決　本格的改正は見送り」日本経済新聞電子版，2013 年 11 月 28 日
6) 『社会経済発展戦略 2011-2020』p.6，pp.18-19.
7) 原語は Kementerian Pendidikan dan Kebudayaan, *Rencana Strategis Kementerian Pendidikan dan Kebudayaan 2015-2019*, 2015.
8) 原語は Undang-Undang Republik Indonesia No.14 Tahun 2005 Tentang Guru dan Dosen（教員および大学教員に関する法律 2005 年 14 号）．
9) 原語は PP No.19 Tahun 2005 Tentang Standar Nasional Pendidikan（国家教育基準に関する政令 2005 年 19 号），Peraturan Menteri Pendidikan Nasional No. 22 Tahun 2006 Tentang Standar Isi（内容の基準に関する国家教育大臣令 2006 年 22 号）．
10) 原語は Lembaga Penjaminan Mutu Pendidikan（LPMP）．
11) Badan Akreditasi Nasional Sekolah dan Madrasah（BAN S/M）ホームページより．http://bansm.or.id/（2017 年 10 月 1 日アクセス）
12) ISO とは国際標準化機構が品質管理や品質保証のために策定した国際規格であるが，良い学校運営を証明する国際認証としても機能している．
13) 高等教育も同様で，世界トップ 500 校に入っているインドネシアの高等教育機関は 2009 年時点で 3 校のみであるが，2014 年までに 11 校に増やすことが目標として掲げられている．
14) 全学年を持たない学校のこと．ラオスの小学校は 5 年生まであるが，地方では 4 年生と 5 年生の学級を設置していない学校が少なくない．
15) ESQAC 所長のインタビューより（2015 年 3 月）．所長によると，ひとつの郡か

第3章　東南アジアの教育計画と質向上のための課題　63

ら3名の代表者にきてもらうトレーニングは80％終了したという．トレーニングや評価に関わる作業のために，ひとつの郡に100-200million kip（120〜240万円）の予算を計上したが（以前は50million）予算が足りないことが予想される．

引用・参考文献

ベトナムの教育に関する参考文献

近田政博（2013）「第5章　ベトナム」馬越徹・大塚豊編著『アジアの中等教育改革―グローバル化への対応』東信堂，pp.115-143.

近田政博訳（2009）『ベトナム2005年教育法』ダイテック
http://ir.nul.nagoya-u.ac.jp/jspui/bitstream/2237/13560/1/Vietnam_Education_2005.pdf（2017年10月1日アクセス）

近田政博（2006）「現代ベトナムの教育計画」山内乾史・杉本均『現代アジアの教育計画（下）』学文社，pp. 236-253.

Bo giao duc va dao tao（2015）*Thong ke giao duc va dao tao nam hoc 2014-2015*. Ha Noi.（教育訓練省『教育訓練統計　2014－2015学年度』内部資料）

Bo giao duc va dao tao（2015）"Quy che tuyen sinh dai hoc, cao dang he chinh quy".（「大学・短大正規課程への入学に関する規則」2015年2月26日，教育訓練大臣公布）

Tu tuong chinh phu（2012）"Chien luoc phat trien giao duc 2011-2020".（「教育発展戦略2011-2020」2012年6月13日首相決定）

Dang cong san Viet Nam（2011）"Chien luoc phat trien kinh te-xa hoi 2011-2020".（「経済社会発展戦略2011-2020」2011年2月16日党大会承認）

インドネシアの教育に関する参考文献

Badan Akreditasi Nasional Sekolah dan Madrasah（BAN S/M）（スコラ・マドラサ国家認証機関）
http://www.bansm.or.id（2017年10月1日アクセス）

Biro Pusat Statistik（中央統計局）
https://www.bps.go.id/（2017年10月1日アクセス）

Kementerian Pendidikan dan Kebudayaan, *Rencana Strategis Kementerian Pendidikan dan Kebudayaan 2015-2019*, 2015（教育文化省『2015－2019年教育文化省戦略計画』）

ラオスの教育に関する参考文献

乾美紀（2006）「ラオスの教育と教育計画」山内乾史，杉本均編著『現代アジアの教育計画（下）』学文社，pp.205-219.

津曲真樹（2012）『ラオス教育セクター概説』国際協力機構.

Ministry of Education（2004）*Lao PDR National Plan of Action for Education for All, 2003-2015*, Vientiane.

Ministry of Education and Sports（2011）*Education Sector Development Plan（ESDP）*（Lao Language）.

Ministry of Education and Sports（2012a）*Annual Report on Education Statistics*（Lao Language）.

Ministry of Education and Sports（2012b）*Introduction of Education Standard Quality Assurance Center*（Lao Language）.

Ministry of Education（2015）*Education and Sports Sector Deveropment Plan（2016-2020）*.

LAO Edu Info

http://www.dataforall.org/profiles/laoeduinfo/（2017 年 10 月 1 日アクセス）

第4章

中国の教育計画

1　はじめに

　多くの国ぐにににおいて，現代的な意味での教育制度は近代国家が形成される過程で整備されてきた．公教育制度も近代的な制度のひとつであることから，それは基本的に近代国家を形成する他の制度と整合的になるよう整備されることになる．そして，いわゆる近代化が進み，学校教育を中心とする公教育制度が拡大するにつれて，一方ではそこに莫大な資源が投入されるため，資源配分の点からも社会の他の諸制度との調整が必要となり，他方で公教育制度内部での調整があわせて必要となる[1]．本書で扱われる教育計画は，そうした多方面での調整の長期的な見通しを示すものとして策定される．

　また，公教育制度のありようは，国家体制（政治体制，経済体制，社会体制など）や，それをもとに確定されて推し進められる国の路線によって規定されることになる．したがって，教育計画についても，それが策定された時点での国家体制や国の路線を反映したものとなるはずである．本章では，以上のような観点を踏まえて，中華人民共和国（以下，中国）の教育計画を考察する．

　中国は，1949 年に成立して以降，中国共産党（以下，党）の主導により社会主義体制の確立を図るとともに，その体制のもとでの社会発展が目指された．そして，文化大革命（以下，文革）終結後は改革開放政策がとられ，国家路線の

転換が進められた．1978 年の中国共産党第 11 期 3 中全会は体制移行の大きな転換点であり，この会議において，党の活動方針を従来の階級闘争から経済建設へと転換させることが決定され，改革開放政策の展開へと方向づけられたのである．経済面では，従来は計画経済体制がとられてきたが，1970 年代末から市場経済の導入が模索され，実験的な取り組みが始められた．そして，1992 年には中国共産党第 14 回大会において「社会主義市場経済」を確立することが目標として掲げられ，それ以降市場経済体制へ移行するための改革がその後急速に進められた．そのなかで，教育を含む社会の各方面で国家が財政的に丸抱えするやり方を放棄し，市場を通じて資源を調達して活性化することが目指されるようになった．

　一方政治面では，党が指導的役割を果たす点には変わりがないものの，1980 年代初期には従来の党と政府が一体化した体制を改めるとして「党政分工」，すなわち党と行政（政府）の分業関係が模索され，1980 年代後半からは「党政分離」方針がとられるようになった．1989 年のいわゆる天安門事件によって党の指導が再び強調されたものの，1990 年代以降にはその方針に従っていくつかの改革が行われた．たとえば，党の主張を法定手続きによって国家の意思とする「以法治国」が謳われてそれに基づく法規の制定が進められ，また国家公務員の採用にあたって「以前と比較すれば採用側の恣意性の低い」[2] 公開試験が導入されるとともに，地方幹部の昇進に公開選抜を採り入れて，それぞれの機関が，党の指導のもとでではあるが，独自の判断を行う自律性を与えられることになった[3]．同時に，過度に中央に集中していた権限を地方に移譲する改革も進められている．

　このように中国では，文革が終結した 1970 年代後半以降，計画経済体制から社会主義市場経済体制の移行という経済体制改革や，「党政分離」，地方への権限移譲といった政治体制改革を実施しながら，経済の急速な成長が目指されてきた．そうした「経済成長一辺倒」の成長路線は一定の成果を挙げたが，他方で「地域間，産業間，社会階層間などで格差が拡大・顕在化し」，「幹部に

よる政治腐敗」が蔓延した[4]. そのため，2000年代に入ると，これまでの経済特区をはじめとする沿海地域での経済発展が地域間格差の増大をもたらしたとして内陸地域の発展を促進させる「西部大開発」が唱えられるようになった．それから，そうした地域間格差の縮小だけでなく社会全体の調和的発展が必要だとして「和諧（調和）社会」の建設が目指されるようになり，具体的には，「都市と農村，地域発展，経済発展と社会発展，人間と自然，国内の発展と対外開放という五つの調和の実現」が示された[5].

　では，このように経済体制および政治体制の改革が進み，社会のあり方が見直されるのに伴い，中国では国家的教育計画としてどのようなものが策定されてきたのだろうか．文革後今日までの間，重要で長期的な国家的教育計画としては，党中央から1985年に出された「教育体制の改革に関する決定」（以下，「1985年決定」），1993年に党中央と国務院（わが国の内閣に相当）の名義で出された「中国教育改革・発展要綱」（以下，「1993年要綱」），そして2010年に党中央と国務院から出された「国家中長期教育改革・発展計画要綱（2010-2020年）」（以下，「2010年要綱」）などがある[6]. 以上より，本章では，経済体制および政治体制の変化の方向性が明確になった1990年代から今日までの状況を踏まえつつ，教育計画にどのような変化が見られるのかを検討することを目的とする．具体的には，これらの教育計画のうち「1993年要綱」と「2010年要綱」を取り上げて，それぞれの制定過程や計画の内容を整理したうえで，両者を比較考察する[7].

2 「中国教育改革・発展要綱」（1993）

（1）制定の経緯

　まず，1993年に制定された「中国教育改革・発展要綱」（「1993年要綱」）について整理する．

　「1993年要綱」は1993年2月に公布された．この文書の作成にあたって

68

は，1988年から準備が始められた．1985年に党中央から「1985年決定」が出
されたことは教育改革・発展における「重要な里程碑」[8]であり，それ以降こ
の文書で示された方向性に基づいてさまざまな面での改革が着手された．しか
し，新たな経済体制，科学技術体制の形成や社会主義現代化建設の過程におい
て新たな問題が生じ，教育を経済的，社会的発展に適応させる必要が認識され
たことから，1988年に国務院が専門グループを組織して教育の改革と発展に
ついて調査研究を実施し，提言を行うことが決められた．そして，党中央の決
定に基づき，国務院指導者の認可を経て，国務院教育活動検討グループ（原語
は「国務院教育工作研討小組」）が設置され，中央教育行政部門のトップである
李鉄映国家教育委員会主任（当時）がグループ長となった．このグループは教
育の重大問題についての研究に着手した．この時期，党中央では「教育の発
展と改革についての若干の問題に関する決定」が作成され，「要綱」はその附
属文書として議論に付された．1989年4月，中国共産党中央政治局はこれら2
つの文書を原則採択したものの，いわゆる天安門事件が起きたことにより，中
央委員会全体会議に提出することなく終わった．1989年9月になると教育活
動検討グループが再開され，1992年初めにかけて「要綱」案の修正が行われた．
1992年7月，8月には李鵬総理（当時）が主宰して国務院常務会議が開催され，
文書についての議論が行われて採択された．また10月には江沢民総書記（当時）
が中国共産党政治局常務委員会を開催して文書の検討が行われた．こうした過
程を経た後，国家教育委員会（当時）が改めて修正案を作成し，12月には江沢
民総書記が再度主宰して政治局全体会議を開き，文書を原則採択するとともに，
党中央と国務院の名義で印刷・公布することを決定した[9]．

(2) 概要

「1993年要綱」は6つの章，全50項目から構成されている．6つの章はそれ
ぞれ，「教育が直面している情勢と任務」「教育事業発展の目標，戦略と指導方
針」「教育体制改革」「教育方針の全面的貫徹，教育の質の全面的向上」「教員

集団の拡充」「教育経費」となっている．各章において示されている内容はおおよそ次の通りである[10]．

第1章「教育が直面している情勢と任務」では，現状認識と改革・発展の方向性が示されている．まず，社会主義市場経済体制の構築や改革開放と現代化建設のさらなる加速，生産力の向上によって国民全体の資質と総合的な国力を高めるという新たな段階に入ったとの認識のもとで，そうした方向に合致した教育体制を作り上げていく必要があることが謳われた．それから，それまでの教育の成果と課題が整理され，中国の特色ある社会主義教育体系を構築するための原則として8点が挙げられた．それは具体的には，① 教育は社会主義現代化建設の基盤であること，② 教育活動に対する党の指導を堅持しなければならないこと，③ 教育が社会主義現代化建設に奉仕し，生産労働と結合するようにしなければならないこと，④ 教育の改革開放を堅持しなければならないこと，⑤ 党と国の教育方針を全面的に貫徹し，教育の規律を遵守しなければならないこと，⑥ 教員に依拠しなければならないこと，⑦ 各段階の政府と社会の各方面，人民大衆の積極性を十分に発揮するようにしなければならないこと，⑧ 国情から出発して統一性と多様性を結びつける原則に基づかなければならないことであった．そのうえで，国際競争が日増しに激烈になり科学技術が急速に発展するなかで，経済競争は実質的には科学技術の競争であり民族の資質の競争であって，21世紀に向けた教育を掌握した者が国際競争で主導的な地位に立てることから，大所高所の観点から教育事業の大計を早期に策定すべきだと述べられた．

第2章「教育事業発展の目標，戦略と指導方針」では，教育発展の全体目標として，20世紀末までに「全国民の教育水準を明確に高め，都市と農村の労働者の就職前教育と在職教育を大きく発展させ，各種の専門人材が現代化建設のニーズを基本的に満足させる力を備え，中国の特色があり，21世紀に向けた社会主義教育体系の基本的枠組みを形成する」ことが掲げられた．そのうえで，初等中等教育については，全国で9年制義務教育を基本的に普及させたう

えで，大都市や沿海地域では積極的に高級中学段階の教育を普及させ，大・中都市では幼児が教育を受けるニーズを満足させ，農村では就学前1年の教育を積極的に発展させることとされた．加えて，高級中学段階の職業技術学校の在校生を大幅に増加させることも示された．一方，高等教育に関しては，経済や科学技術，社会の発展における必要に適応することが目指された．これらの内容については，青年および壮年の非識字率を5%以下にまで低下させることが明示されたのを除けば，特に数値目標が示されることはなかった．そのうえで，量的拡大とともに質や効率性の向上を図ること，基礎教育を強化し職業技術教育，成人教育，高等教育を積極的に発展させること，各地の状況に応じて指導することが強調された．あわせて，少数民族教育，障害者を対象とした教育，テレビやラジオなどメディアを利用した教育，そして国際交流・協力についても改革・発展の方針が示された．

第3章「教育体制改革」では，社会主義市場経済体制，政治体制，科学技術体制の改革に対応した教育体制を作り上げることが方針として立てられた．そのうえでまず，政府がすべての学校を運営するやり方を改め，政府による運営を主とし，社会各界が共同で学校を運営する体制を構築することとされた．それから，初等中等教育について，中央政府と地方政府の分担や校長責任制の実施が明示されるとともに，学校が付近の企業や地域組織と協力して地域教育組織を作ることが奨励された．高等教育に関しては，政府と高等教育機関の関係，中央政府と地方政府の関係，国家教育委員会とその他の中央行政部門の関係を適切にすることで，政府がマクロ管理を行い，高等教育機関が社会に向けて主体的に運営する体制とすることが挙げられた．また，学生募集において国の計画を主としつつ委託養成や自費学生の比率を高めること，学費徴収制度を実施すること，卒業生について「自主選択」制度を導入すること，大学院生の養成と学位制度を改善すること，高等教育機関への財政支出体制を基金制にすること，機関内部の人事制度や給与制度を合理的にすることなどが示された．あわせて，高等教育修了後の人事労働制度の改革にも言及されている．そして，法

制の早急な整備とともに，理論研究や試験的取り組みの強化が謳われた．

第4章「教育方針の全面的貫徹，教育の質の全面的向上」では，「教育は社会主義現代化建設に奉仕しなければならず，生産労働と結びつけなければならず，徳・知・体の全面で発達した建設者と継承者を養成する」という方針を貫徹すべきことが述べられた後，徳育，知育，体育，美育，労働技能の教育それぞれについて質向上の観点から改革の方向性が示された．徳育については，マルクス・レーニン主義と毛沢東思想，中国の特色ある社会主義理論によって学生を政治的に正しい方向に導き，理想をもち道徳を有し文化と紀律を備えた者を養成することが学校における徳育の任務であるとされた．そして，党の基本路線の教育，愛国主義教育，集団主義教育などを強化すること，徳育担当者集団を拡充すること，学校の管理において道徳的な正しさを業務成績と同等に評価すること，学校を社会主義精神文明建設の重要な拠点とすることが挙げられた．知育の面では，学校教育が経済建設や社会発展のニーズとかけ離れている現状を克服することが求められた．教育内容や教育課程の構造を科学技術の成果や社会主義現代化建設の実際のニーズに照らして更新すること，児童生徒の学業負担を軽減すること，高等教育では専攻の対象範囲を拡大したり実践的な内容を増やしたりすること，質の基準や評価指標の体系を作り上げること，初等中等教育の教材は基本的な要求を統一したうえで多様化することなどが示された．それから，社会全体で社会での教育，家庭での教育と学校教育を結びつけるようにすべきこと，学校に対する党の指導を堅持することが挙げられた．

第5章「教員集団の拡充」では，政治的資質や業務上の資質が良好で，構造が合理的で，相対的に安定した教員集団を作ることが必要だとされ，教員の養成や研修，給与や待遇などが取り上げられている．教員養成では，教員養成系高等教育機関で卒業生が教員になるのを保障するしくみの導入が求められるとともに，その他の高等教育機関でも教員養成に積極的に取り組むべきことが挙げられている．研修については，計画的に実施して20世紀末までには初等中等段階のほとんどの教員が国の規定する学歴水準に達することが目指され，小

学校と初級中学の教員では高等教育修了学歴を有する者の比率を高めることとされた．一方，給与に関しては国民の収入の増加に伴って増額されるべきこと，平均主義を改めること，国が定めた最低基準を満たしたうえで地方や学校が具体的な給与基準を決めることなどが示された．住居や福利厚生に関する教員優遇政策の実施も挙げられた．同時に，教員集団の拡充にあたって，組織や人員をスリム化すること，正規に雇用されているわけではない「民間教員」（原語は「民辦教師」）への対応を改善し，教員集団に占めるその比率を低下させることも述べられた．

第6章「教育経費」では，教育財政体制を改革し，国の財政支出を主とし多様な教育経費調達ルートを従とする体制を作り上げて，教育にかける経費を増加させることが目標とされた．教育経費の調達としては，国の財政支出を増額させて20世紀末までには国民総生産額の4%に達するようにするほか，各地方政府でも財政支出に占める教育経費の比率が全国平均で15%を下回らないようにすることが謳われた．そして，それ以外の経費調達方法として，教育費付加の改善，非義務教育段階における学費基準の上昇，校営企業や社会サービスの大幅な発展，寄付の奨励，融資や教育ローンなどによる教育資金の融通などが挙げられた．それから，支出に関しては使用にあたって効率・便益を向上させることが強調され，特に初等中等教育や職業技術学校における機器設備，教科書や図書資料の不足，危険な建築物の修繕を重視することとされた．

3 「国家中長期教育改革・発展計画要綱(2010−2020年)」(2010)

(1) 制定の経緯

続いて，2010年に策定された「国家中長期教育改革・発展計画要綱（2010−2020年）」（「2010年要綱」）を検討しよう．

「2010年要綱」は2010年7月に策定，公布された．上述した「1993年要綱」の後も，教育部から「21世紀に向けた教育振興行動計画」（1998）や「2003−

第4章　中国の教育計画　73

2007 年教育振興行動計画」（2004）などの文書が出され，それらに基づいて教育改革が進められたが，時代の変化に対応して新たな中長期的方針を制定する必要が認識された．そして，胡錦濤総書記（当時）が教育を優先的に発展させる戦略的地位に置くよう強調し，そのために「教育計画要綱」の研究・策定を指示したことを受けて，温家宝総理（当時）をトップとする教育計画要綱指導グループ（原語は「教育規劃綱要領導小組」）が組織され，要綱の制定に向けた取り組みが始められた．すなわち，2008 年 8 月に温家宝総理が第 1 回科学・教育指導グループ会議を開催した．この会議では，「国家中長期教育改革・発展計画要綱」に関する教育部での作業状況の報告が行われるとともに，要綱策定に向けた作業案が審議され，原則採択された．このとき，この要綱が現代化建設の全体的な戦略から出発して 2020 年までの教育の改革と発展について全面的に計画しその位置づけを定めることになることが強調された[11]．それを踏まえて，この会議において上述した教育計画要綱指導グループと，教育計画要綱作業グループが設置されたのである．これらのグループによって作成に向けた作業が進められたが，この間，専門家が調査研究を行ったり各地で座談会を開催したりして意見聴取が行われ，作業グループが 10 度招集されて要綱案が固められていった．また，2009 年に 2 度にわたって広く社会から意見が求められるとともに，人民政治協商会議[12] 委員や民主諸党派，地方の政府や党組織といった国内の関係者，さらにはユネスコや世界銀行などの国際機関からも意見聴取が行われた．その後，2010 年 4 月に科学・教育指導グループの第 2 回会議が開催されて「教育計画要綱」が審議されて原則採択された．それから，同年 5 月には胡錦濤総書記が主催する中央政治局常務委員会において，また 6 月には中央政治局会議で，「2010 年要綱」が審議，採択された[13]．

(2) 概　要

　「2010 年要綱」は「序言」と「実施」を除いて 4 つの部分（22 章），全 70 項目から構成されている．4 つの部分はそれぞれ，「全体戦略」「発展任務」「体

制改革」「保障措置」となっている．各部分において示されている内容はおおよそ次の通りである[14]．

まず「序言」において，教育が民族振興と社会進歩の礎石であり，国民の資質を高め人の全面的な発達を促進させる根本的な道筋であることが述べられ，教育を優先的に発展させ，教育現代化の水準を高めることの重要性が示されるとともに，中国の未来の発展や中華民族の復興の鍵は人材にあり，その基礎が教育にあるとされている．そして，60年にわたって教育を整備してきた成果が確認されたうえで，なお不十分な部分があるとして，「人を育てることを根本とし，改革・革新を原動力とし，公平の促進を重点とし，質の向上を中核として，素質教育を全面的に実施し，新たな歴史の出発点における教育事業の科学的な発展を推し進める」とされている．

第1部分「全体戦略」では，まず，指導思想として「中国の特色ある社会主義の偉大な旗を高く掲げ，鄧小平理論と『3つの代表』の重要思想によって指導し，科学的発展観をしっかりと貫徹して実現させ，科教興国戦略と人材強国戦略を実施して，教育を優先的に発展させ，中国の特色ある社会主義現代教育の体系を完全なものにし，人民が満足する教育をしっかりと行って人的資源強国を作り上げる」ことが確認されている．それから，活動方針として改めて「発展を優先させ，人を育てることを根本とし，改革・革新を行い，公平を促進させ，質を向上させる」ことが挙げられている．続いて，戦略目標が示され，教育の普及に関する具体的な数値目標が挙げられるとともに（表4-1，表4-2），公平な教育の形成，質の高い教育の提供，生涯教育体系の構築，活力に満ちた教育体制の整備について説明が加えられている．そのうえで，戦略の方向性として，人を根本とすることを堅持して素質教育[15]を全面的に実施すること，徳育の優先を堅持すること，能力に重点を置くことを堅持すること，全面的な発達を堅持することを謳っている．

第2部分「発展任務」では，就学前教育，義務教育，高級中学（後期中等教育）段階の教育，職業教育，高等教育，継続教育，少数民族教育，特殊教育といっ

第4章　中国の教育計画　75

表 4-1　教育事業の発展に関する主要目標

指　標	単　位	2009 年	2015 年	2020 年
就学前教育				
幼児在園人数	万人	2,658	3,400	4,000
就学前 1 年粗就園率	％	74.0	85.0	95.0
就学前 2 年粗就園率	％	65.0	70.0	80.0
就学前 3 年粗就園率	％	50.9	60.0	70.0
9 年義務教育				
在校生数	万人	15,772	16,100	16,500
	％	90.8	93.0	95.0
高級中学段階教育＊				
在校生数	万人	4,624	4,500	4,700
粗就学率	％	79.2	87.0	90.0
職業教育				
中等職業教育在校生数	万人	2,179	2,250	2,350
高等職業教育在校生数	万人	1,280	1,390	1,480
高等教育＊＊				
在学生の全体規模	万人	2,979	3,350	3,550
在校生数	万人	2,826	3,080	3,300
うち大学院生数	万人	140	170	200
粗就学率	％	24.2	36.0	40.0
継続教育				
在職者継続教育	万人（延べ）	16,600	29,000	35,000

注）＊中等職業教育の生徒数を含む．＊＊高等職業教育の学生数を含む．
出所）国家中長期教育改革・発展計画要綱（2010 – 2020）

表 4-2　人的資源の開発に関する主要目標

指　標	単位	2009 年	2015 年	2020 年
高等教育の文化程度を有する人数	万人	9,830	14,500	19,500
主要労働年齢人口が教育を受けた平均年数	年	9.5	10.5	11.2
うち高等教育を受けた者の比率	％	9.9	15.0	20.0
新たに増加した労働力が教育を受けた平均年数	年	12.4	13.3	13.5
うち高級中学段階以上の教育を受けた者の比率	％	67.0	87.0	90.0

出所）国家中長期教育改革・発展計画要綱（2010 – 2020）

た教育それぞれについて，改革・発展の方向性や具体的な改革内容が列挙されている．就学前教育では，積極的な発展を図り，特に農村での発展に重点を置くとされるとともに，政府の職責を明確にすることが目指されている．義務教育については，普及を定着させて質の向上を図ること，地域間，都市と農村の間，そして学校間の格差を縮小させること，児童生徒の学業負担を減らすこ

とが目標として挙げられている．高級中学（後期中等教育）段階の教育では，普及をいっそう進め，普通高級中学における人材育成モデルを多様化することで，生徒のさまざまな潜在的なニーズを満たし，総合的な資質を全面的に高めることとされている．職業教育は，経済発展や「三農」問題[16] 解決の重要な手段と位置づけられ，2020 年までに生涯学習理念を実現した，中等職業教育と高等職業教育が調和的に発展した体系を構築することが目指されている．そして，教員集団の強化や，企業の積極的な関与とともに，農村での職業教育の発展が重視されている．高等教育については，人材育成，科学研究，社会サービスの質の向上を図るため，構造を合理化し，各高等教育機関の特色をいっそう明確にして，国際的に知名度のある高等教育機関を作り上げて高等教育の国際競争力を強化するとされている．そして，継続教育に関しては柔軟で開放的な生涯学習体系を構築すること，また少数民族教育と特殊教育ではどちらも，質的，量的発展を社会的に重視することが強調されている．

　第 3 部分「体制改革」では，人材養成改革，試験・学生募集制度改革，現代的学校制度の構築，学校運営体制改革，管理体制改革，教育開放の拡大の 6 点が挙げられている．人材養成改革では，まず人材養成の考え方を改めることが強調される．全面発達，生涯学習，体系的な人材養成に向けて，学習と思考の結合，知識と行動の統一，「因材施教」（個人の能力や個性，興味にあった教育を施す）を図ることが挙げられている．あわせて教育の質の評価や人材評価を多元的なものにすることを求めている．試験・学生募集制度改革の中心は入学者選抜制度であり，一度の試験で一生が決まってしまうという弊害を克服すべく，多元的な評価の導入や，複数回の試験実施，教育機関による自主的な学生募集の拡大，機関種別選抜の実施などが謳われている．現代的学校制度の構築に関しては，政府の役割と権限を明確にしたうえで高等教育機関を含む学校の運営自主権を拡大させることとし，校長（学長）の選抜任用方法の改善や教職員による意思決定の強化などが目指されている．また，学校運営体制改革として，政府が主導し，社会が関与し，多様な運営主体が関わる体制の構築が目標とさ

れ，特に民営教育の発展と法に基づく管理が強調されている．これに関連して，管理体制改革では，省レベルの地方政府が統一的に管理することとされると同時に，政府の役割を精選し，公共教育サービスの均等化や教育の公平，教育の秩序の維持を図る一方，不必要な行政的関与を減少させるとされている．最後に，教育開放の拡大では，国際交流・協力の強化，海外のすぐれた教育資源の導入とともに，交流・協力の水準を高めることが目標となっている．具体的には，他国との学歴・学位の相互承認の拡大，教育機関の海外での運営，国費留学制度の改善，受け入れ外国人留学生の規模拡大，国際機関との協力の強化などが挙げられている．

　第4部分「保障措置」では，教員集団の整備・拡充の強化，経費投入の保障，教育情報化のいっそうの進展，法に基づく教育管理の推進，重大プロジェクトと改革の試行，組織的指導の強化の6点が挙げられている．「教育の大計は，教員を根本とする」ことから，教員のモラルや業務水準を向上させ，教員管理制度を整備するとともに，教員の地位や待遇を高めることを求めている．教育への経費投入については，政府による支出を主とし多様なルートで経費を調達する体制をより改善して教育経費の大幅な増加を図るとされている．そのために，中央・地方政府が教育を財政支出の重点とすることや，社会的な教育経費投入を増加させること，義務教育に関しては財政保障の範囲とする一方，非義務教育に関しては政府投入を主とし，教育を受ける者が合理的に負担し，多様なルートで経費を調達するメカニズムをつくること，国レベルでの一連の就学援助政策を整備することが示されている．教育の情報化では，教育内容，教授方法，学校の管理運営を改善するために教育情報ネットワークを整備することが謳われている．重点プロジェクトおよび改革の試行としては，これまでに挙げられた内容のうち主なものが取り上げられ，具体的な改革の方策が示されている．たとえば，改革の試行として挙げられている試験・学生募集制度改革では，初級中学および高級中学での学力試験と総合的な素質評価の改善，高水準の大学による連合試験の実施の模索，高等職業教育機関での独自入学試験もし

くは学力試験の成績に基づく登録入学制の模索，自主学生募集，推薦入学等の具体的な方法の模索，高等教育機関の入学機会の地域間格差の縮小の模索などとなっている．そして，最後の組織的指導の強化については，政府の指導の強化と，教育系統における党組織の充実，教員や子どものための安全で調和的な労働・学習・生活環境の整備が謳われている．

4　考　察

以上，「1993年要綱」と「2010年要綱」の制定過程や計画の概要についてまとめてきた．本節では，これら2つの文書を比較して，1990年代から2010年にかけて中国の教育計画がどのように変化してきたのかを考察する．

まず，教育計画の策定過程についてみると，次の2点がみてとれる．第一に，2つの文書はともに，党中央と国務院が共同で策定し，公表したものとなっている．ただし，「1993年要綱」は党中央が主導して策定されていたのに対して，「2010年要綱」については国務院がより大きな役割を果たしている．「1985年決定」が党中央から出されていたこととあわせて考えると，教育計画の策定における国務院の位置づけが相対的に高まっていることが理解される．このことは，党と政府との関係としては，政治体制の変化に伴って，政府が教育計画策定の主体になってきていることを示しているだろう．もっとも，計画の策定にあたって党の承認が必要な点は変わっていない．

第二に，「1993年要綱」を策定するにあたっては国務院が専門グループを組織して調査研究が行われたのに対して，「2010年要綱」では専門家による調査研究，各地での座談会の開催による意見聴取，社会からの意見募集などが行われている．すなわち，教育計画の策定において，より広い考えが反映されるようなしくみが採り入れられるようになっているのである．実際にどのような意見がどの程度採り入れられたのかは改めて検討する必要があるものの，このような変化からは，従来のように党そして政府が自らの「正しい」考えに基づい

て教育計画を定めてそれを社会に従わせるのではなく，社会に多様な意見が存在することを前提としたうえで，教育計画にそれらを適切に反映するのが望ましいとする考え方が強調されるようになったことが窺える．このような傾向として地方の実情にあわせて教育計画を調整する状況は 1990 年代にもすでに見られていたが[17]，近年ではより幅広く意見を求めるようになっているといえる．

　それから，策定された教育計画の内容に関しては，まず共通点として次の 3 点を挙げることができる．第一に，教育を国の発展の基礎と位置づけ，優先的に発展させるべきであるとする考え方は一貫している．「百年の大計は教育を根本とする」（原語は「百年大計，教育為本」）とか，「教育を優先的な発展の戦略的地位に置く」（原語は「把教育擺在優先発展的戦略地位」）という表現は，両者で共通に確認できる．第二に，教育のあり方として社会主義的側面が強調されている点は変わらない．具体的にみると，「1993 年要綱」では「党の教育活動に対する指導を堅持し，教育の社会主義的方向を堅持して，徳・知・体の全面で発達した建設者と継承者を養成する」ことや，「教育が社会主義現代化の建設に奉仕し，生産労働と結びつくことを堅持しなければならない」ことが述べられている．一方，「2010 年要綱」でも，「党の教育方針を全面的に貫徹し，教育が社会主義現代化建設に奉仕し，人民に奉仕して，生産労働や社会実践と結びつき，徳・知・体・美の全面で発達した社会主義の建設者と継承者を養成することを堅持する」とされている．表現には多少の違いがあるものの，言わんとする内容はほぼ同じである．第三に，教育改革の実現を図るために提示される内容にも一定の共通性が認められる．すなわち，現状認識を踏まえた目標や方針が明示されたうえで，各学校教育段階や職業教育や少数民族教育といった教育種別ごとの発展がそれぞれ述べられ，関連する教育制度改革が挙げられている．あわせて，教育発展を保障するために教員集団の水準向上や経費投入の増加，党や政府の指導の強化などが示されている．

　一方，両文書の相違点として次のような点がある．第一に，「1993 年要綱」と比べて「2010 年要綱」では「改革・革新」（原語は「創新」）が強調されている．

同文書でこの語は2つの文脈で用いられる．ひとつは，教育体制・制度の改革という文脈においてである．単なる「改革」という語と比べると新たなものを生み出すニュアンスが込められていて，地方や教育機関が大胆に試行錯誤を行って，さまざまな矛盾をいち早く解決し，教育事業の健全な発展の動力となることが目指されている．もうひとつは養成すべき人材像についてで，「1993年要綱」では専門人材の養成が強調されていたのに対して，「2010年要綱」では専門人材とともに，創造的な能力を備えた人材の養成が繰り返し挙げられている．第二に，「2010年要綱」では，「1993年要綱」と同様に量的拡大や質的向上も引き続き重要な目標となっているが，それに加えて「公平」が強調されている．公平性の促進が教育政策の基本方針として掲げられ，政府が責任を持ってその実現を図るとともに，社会が全体としてそれに取り組むことが求められており，特に義務教育については「均衡的な」発展が重視されているし，経費に関しては，教育への経費投入の増加のみならず，就学援助政策の整備にも言及されている．これとは対照的に「1993年要綱」には「公平」という語がまったく登場しないことから，教育の公平がこの間に重視されるようになってきたことがわかる．そして第三に，「1993年要綱」ではほとんどの目標設定が定性的であったのに対して，「2010年要綱」になると数値目標がより多く明示されるようになった（表4-1，表4-2）点も，「2010年要綱」が10年間という期間を定めた計画になっていることとあわせて，両文書における大きな相違として指摘することができる．「2010年要綱」では「教育政策形成における科学化の水準を高める」ことが謳われているが，同文書におけるこのような特徴はそうした方針を反映していると考えられる[18]．

5 おわりに

　中国は，文革終結後今日まで，党が指導する国家体制に大きな変化はないものの，経済体制に関しては社会主義市場経済体制への移行が進められ，政治体

制についても一定の改革が行われてきた．また，1990 年代までは経済成長に重点が置かれてきたが，2000 年代に入って格差の縮小を含む，社会全体の調和的発展が目指されるようになった．

　これまで見てきたように，1990 年代以降の中国の教育計画はそれぞれ，こうした国家体制や国の路線のあり方や変化を反映したものとなっている．すなわち，一方では，教育を国の発展の基礎に位置づけ，社会主義的側面を強調しつつその量的拡大と質の向上を図ろうとする点や，特に質の向上に関連して教員集団の整備・拡充や経費の保障，党の指導の強化などを求めている点は一貫している．教育改革を提示する主要項目についてもおおよそ一致している．他方で，「2010 年要綱」では，社会の調和的発展という観点から教育の「公平」が強調されるようになったし，「人を育てることを根本とする」ことや創造的な能力を備えた人材の養成というような点が新たに示された．加えて，策定作業の途中で広範な社会からの意見聴取が行われ，また数値目標がより多く設定されるなど，教育計画の策定過程や形式にも一定の変化が確認された．

　中国については，ともすれば強固な国家体制に目が向きがちであるが，政府によるマクロな管理への転換に伴い，教育計画の策定過程においては従来の党を中核とする中央集権的な側面に社会に存在する多様な意見を反映させるしくみがより明確に加えられるようになっている．また，あるべき社会像の変化にあわせて，教育計画の内容においては「人を育てることを根本とする」こととともに，「公平」や「均衡的発展」が強調されるようになっている．次の教育計画がどのように，またどのような内容で策定されるのか，中国の教育改革が「2010 年要綱」に基づいてどのように進むのかという点とあわせて注目したい．

注）
1)　山内乾史（2006）「教育計画の思想と展開」山内乾史・杉本均編著『現代アジアの教育計画（上）』学文社，pp.5-6.
2)　中岡まり（2005）「一党支配下の権力構造」家近亮子・唐亮・松田康博編著『5分野から読み解く現代中国―歴史・政治・経済・社会・外交』晃洋書房，p.75.

3) 同上書，pp.72-76.

4) 国分良成 (2009)「中華人民共和国期」国分良成編著『現代東アジア—朝鮮半島・中国・台湾・モンゴル』慶應義塾大学出版会，p.287.

5) 唐亮 (2012)『現代中国の政治—「開発独裁」とそのゆくえ』岩波書店 (岩波新書)，p.122.

6) 本文でも後述するが，これ以外に，教育部 (国家教育委員会) によって策定された計画として，「21世紀に向けた教育振興行動計画」(1998)，「2003−2007年教育振興行動計画」(2004) などがある．

7) なお，楠山研 (2006)「中国の初等中等教育における教育計画」山内乾史・杉本均編著『現代アジアの教育計画 (下)』学文社，pp.288-301では，1985年の「教育体制の改革に関する決定」と1993年の「中国教育改革・発展要綱」の2つが人材育成の観点から比較検討されている．本章とあわせてそれも参照されたい．

8) 労凱声 (2009)「回顧与展望」労凱声主編『中国教育改革30年　政策与法律巻』北京師範大学出版社，p.5.

9) 以上の制定経緯については，国家教委辦公庁「《中国教育改革和発展綱要》形成及学習，宣傳，貫徹情況」《中国教育年鑑》編輯部編『中国教育年鑑　1994』人民教育出版社，pp.69-71による．

10) 中共中央，国務院「中国教育改革和発展綱要」同上『中国教育年鑑　1994』，pp.1-12.

11)「温家宝主持召開国家科技教育領導小組会議」《中国教育年鑑》編輯部編 (2009)『中国教育年鑑　2009』人民教育出版社，p.50.

12) 人民政治協商会議とは「中国の各党派・団体などから成る統一戦線組織」である (天児慧他編 (1999)『岩波現代中国事典』岩波書店，p.587)．中国には中国共産党の指導を受け入れた党派・団体 (民主諸党派) がいくつか存在しており，この会議ではそれらの代表からなる委員によって党や政府の方針が協議される．

13) 以上の制定経緯は，「《教育規劃綱要》是怎様産生的？」《教育規劃綱要》工作小組辦公室 (2010)『教育規劃綱要学習輔導百問』教育科学出版社，pp.3-7による．

14)「国家中長期教育改革和発展規劃綱要 (2010−2020年)」《中国教育年鑑》編輯部編 (2012)『中国教育年鑑　2011』人民教育出版社，pp.1-20.

15) 中国では，1990年代半ば以降，新たな教育の枠組みとして「素質教育」を提唱するようになった．これは，「学生の創造的精神と実践的能力の育成に重点をおいて，徳・知・体・美等の面で全面的に発達した人間を育てる教育である」とされ，教育のすべての領域で実施することが求められている (南部広孝 (2016)「現代中国の教育改革」原清治・山内乾史・杉本均編『比較教育社会学へのイマージュ』学文社，pp.183-184).

16)「三農」問題とは，一般に「農業の低生産性と低収益性，農村の疲弊，農家の所得低迷と都市住民德の所得格差拡大」を指すとされ，2002年以降中国において解

決すべき重要課題だとみなされるようになった（小松出（2009）「三農問題」長谷川啓之監修，上原秀樹他編『現代アジア事典』文眞堂，pp.431-432）.

17）楠山（2006）前掲論文，p.299.

18）中国では，特に計画経済体制下においては数値目標がかなり具体的に定められてきた（たとえば，楠山，同上論文，p.294）．本章では，社会主義市場経済体制への移行が正式に決定されて以降の時期における教育計画のみを扱っていることからこの点を特徴として挙げているが，中国全体の動向としては中華人民共和国成立からの流れとして検討する必要があろう.

84

第5章

韓国における総合的な
教育計画の特徴と限界

1 はじめに

　大韓民国（以下，「韓国」）ではこれまで，70年代はじめにひとつ，そして
2000年代に2つの大きな教育計画が立案されている．1970年に公表された「長
期総合教育計画」，そして2001年に公表された「国家人的資源開発基本計画」
と2006年に公表された「第2次国家人的資源開発基本計画」である．本章では，
これら3つの教育計画が登場した時代的・社会的な背景，計画の目的や内容に
ついて比較検討することで，韓国における総合的な教育計画の特徴と限界を明
らかにすることを課題とする．

2 70年代の教育計画―「長期総合教育計画」―

（1）計画立案の背景と目的

　韓国において教育を国家発展と直結させようという考え方が登場したのは，
1961年の軍事クーデター経て打ち立てられた朴正熙政権（1961-1979）[1] でのこ
とであった．現在から見ると意外かも知れないが，当時の韓国は朝鮮戦争の壊
滅的な打撃からまだ完全に立ち上がれておらず，南北関係においては経済面で
も科学技術面でも旧ソ連の手厚い支援を受けた北朝鮮が優勢であった．韓国が

第5章　韓国における総合的な教育計画の特徴と限界　85

こうした状況を覆すためには，何よりも科学技術力の向上による経済発展が必要であり，そのために不可欠なマンパワーを計画的に養成していくことが喫緊の課題となったのである．朴正煕大統領は資本主義陣営にありながら社会主義陣営が実施していた計画経済を積極的に取り入れたことで知られており，1962年から朴正煕大統領死後の1981年に至るまで，計4次にわたる「経済開発5カ年計画」が打ち出されることとなった．こうしたなか，韓国における教育計画は国家発展のためのマンパワー養成政策の中心を担うものとして当初から経済開発計画と密接に関連しつつ立案されていった．

　韓国における教育計画の嚆矢となったのは1962年の「第1次経済開発5カ年計画」を受けて立案された「文教再建5カ年計画」であった．その後1967年に「第2次経済開発5カ年計画」が出されて以降，教育計画の立案が本格化していった[2]．こうしたなかで，1970年に韓国における最初の総合的かつ体系的な教育計画である「長期総合教育計画」が公表されることとなった．同計画は「第3次経済開発5カ年計画」(1972-1976) のスタートに歩調を合わせるかたちで立案されたものであり，1972年から1986年までの15年間にわたる長期的な計画であった．全15年の計画期間は第1期〜第3期に分けられ，5年ごとに「教育発展5カ年計画」が立てられた．長期総合教育計画の最終目標は国家発展の原動力となる人的資源を開発するための教育体制を構築することにあり[3]，この意味において長期総合教育計画は人的資源開発計画と連動していたといえる．

　上記の目的を実現するために，同計画では①「学習・教授活動の近代化」，「教育の内的効率性を高める」，②「社会の人材需要および教育需要を充足し，教育の外的生産性を高める」，③「教育行財政などの支援構造を効率化する」，④「企画能力を強化して『計画する教育』の体制を実現する」という4つの目標が示された[4]．そこには，教育計画を通じて効率よく国民の能力・資質の向上を図り，生産性を高めることで国家発展を成し遂げようとするマンパワーポリシーの特徴を見ることができる．

(2) 計画立案機構

　長期総合教育計画の立案機構は，1968 年に組織された「長期総合教育計画審議会」である．同審議会は国務総理を委員長とし，文教部（現在の教育部）長官と経済企画院（現在の企画財政部）長官を副委員長として，その下に科学技術処（現在の科学技術情報通信部）長官などの政府高官，ソウル大学総長などの学識経験者，各分野の専門家などが委員として参加しており，委員長 1 名，副委員長 2 名，委員 47 名，監査 1 名の計 51 名で構成された．長官はわが国の国務大臣に相当するポストであり，こうした構成員の顔ぶれを見ても，重要な国家計画を立案するための機構として位置づけられていたことがわかる[5]．

(3) 計画の内容

　長期総合教育計画には 8 個の重点実施項目と 45 個の重要計画が示されている．重点実施項目と主な内容は表 5-1 の通りである．

　これを見ると，各学校段階や各分野の教育改革から教育方法・教材の開発，

表 5-1　長期総合教育計画の重点実施項目と主な内容

	重点実施項目	主な内容
1	中等教育および大学教育の優先	中堅人材および高度人材を養成するために教育計画において中等教育および大学教育を優先する
2	大学院教育の革新・強化	高度人材養成および技術革新に不可欠な研究開発に携わる人材の養成のために大学院教育を強化する
3	科学技術教育の発展	今後韓国は科学技術立国としての発展が予想されるので，教育内容別の計画においては科学技術教育を優先する
4	産学教育機能の分化と協同	産業界が求める人材を効率的に養成するために学校における職業教育と現場での職業訓練を分け，双方の機能を強化する
5	教育工学的方法の開発と普及	教育費の節約，教育効果の最大化，大規模学級への対応等のために工学的アプローチに基づく教育方法や教材を開発し普及させる
6	教員誘因構造の強化	教育の質は教員の質に左右されるので，教員の確保およびモチベーション維持のための構造を大幅に強化する
7	教育費適正規模の確保	教育需要増加への対応や教育改善に必要な費用を安定的に確保するために，計画期間中は政府予算に占める教育予算の割合を一定に維持する
8	統一に備えた教育	南北統一後に予想される諸問題に対応するために，統一に備えた力量の強化と研究を進める

出所）長期総合教育計画審議会専門員会（1970）『長期総合教育計画要約（第 1 次試案）』長期総合教育計画審議会専門員会，pp.20-21 より筆者作成

優秀な教員の確保，教育予算の確保，南北統一への備えまでを含む，まさに総合的な教育計画と呼ぶにふさわしい内容だったことがわかる．特に，社会的な人材需要への対応や科学技術教育の推進，大学院教育の強化による国際競争力確保など，教育計画が経済開発を主体とする国家発展と直結したかたちで提示されている点は注目すべき特徴である．また，教育予算が不十分であり，初等教育就学率がすでに100％に達していながら中等教育就学率が50％以下に留まっていた当時の状況を反映し，同計画では「量の拡大」が重視されている．たとえば，公教育費を対 GNP 比で3.0～4.0％に維持するために教育予算を政府予算の18～20％確保するといった目標や，産業界の需要と社会の需要に応じて就学率および進学率を表5-2のように向上させるといったことが数値目標として示されている．

　同計画では高度人材養成のために高等教育の発展も重視しており，大学の定員増加によって高等教育の量的拡大を図るだけでなく，大学院教育の充実や大学院大学の設立，高等教育の評価・認証のための専門機関を設けるといった高等教育の質向上についても計画されている．これはおそらくアメリカの教育政策の影響を受けたものと考えられるが，当時まだ発展途上にあった工業国であり，1970年時点で高等教育就学率がわずか5.4％に留まっていた[6]韓国の状況を考えると，意欲的で先進的な内容といえよう．

　以上，韓国初の総合的な教育計画である長期総合教育計画の内容について述べてきた．しかし実際のところ，同計画は時間・人員・財源などの制約があっ

表5-2　就学率および進学率の向上目標

(％)

	就学率		下級学校から上級学校への進学率	
	1969 年	1986 年	1969 年	1986 年
小学校	100	100	−	−
中学校	48	82.0～84.8	62	95～98
高　校	26	52.9～66.1	70	70～74
大　学	7	12.8～19.2	34	34～42

出所) 長期総合教育計画審議会専門委員会 (1970)『長期総合教育計画要約 (第 1 次試案)』長期総合教育計画審議会専門委員会, pp.22-23

たことや，1971年に長期総合教育審議会が解散されたことから急速に死文化
したため，計画に示された内容がそのまま実行されたわけではなかった[7]．と
はいえ，長期総合教育計画の理念はその後，文教部の「教育発展計画」(1972-
1976) など70年代の教育計画に受け継がれるとともに[8]，「漢江の奇跡」と呼ば
れる韓国経済のめざましい発展に支えられつつ教育分野は急速な発展を遂げて
いった．たとえば，長期総合教育計画に示されていた就学率および進学率の向
上目標は，経済発展による国民の教育需要の増大とこれに対応した量的拡大政
策が行われた結果，ほぼその目標値を達成している[9]．政府系シンクタンクと
して現在も韓国の教育研究をリードしている韓国教育開発院の設立 (1972) も，
同計画の影響を受けたものである[10]．こうしたことを勘案すると，長期総合
教育計画は途中で死文化したとはいえ，70～80年代の韓国教育のめざましい
発展に対し一定の成果を残した先駆的な教育計画であったと評価できるだろう．

3　21世紀の総合的な教育計画―「国家人的資源開発基本計画」―

(1) 90年代の教育改革の動向と「国家人的資源開発基本計画」の登場

　長期総合教育計画のような国家レベルの総合的な教育計画は，同計画が死文
化して以降長らく立案されることがなかった．しかし，2000年代に入って国
家レベルの人的資源開発計画が本格的に立案・実施されるようになったことを
背景に，その一部を構成するものとして再び総合的な教育計画が立案されるよ
うになった．

　こうした流れの背後には，90年代から始まった21世紀対応の教育改革の方
向性があったことを押さえておく必要があろう．約30年ぶりの文民政権とし
て1993年に出帆した金泳三政権 (1993-1998) は，21世紀の知識基盤社会に対
応した抜本的な教育改革を推し進めるために，大統領直属の諮問機関として
「教育改革委員会」を組織した．同委員会は1995年5月31日に『世界化・情
報化時代を主導する新教育体制樹立のための教育改革方案』(いわゆる「5・31

教育改革方案」）を公表した．そのなかで，グローバル化・情報化が進展する知識基盤社会において国際競争力を勝ち抜く人材を養成するためには，量の教育から質の教育へ転換することが必要性であるとされ，教育の多様化・自律化を通じて教育の卓越性を高めることが目標として掲げられた[11]．また，こうした目標を達成するために「大学の多様化と特性化を推進する」「生涯教育社会を構築する」「1998 年までに教育財政を GDP 比で 5％確保する」などの計画が立てられた．残念ながらこれらの計画は，1997 年に韓国を襲ったアジア経済危機（いわゆる IMF 危機）の影響もあり，すべてが予定通りに実行されるには至らなかった．しかしながら，5・31 教育改革方案によって示された「国家発展のためのグローバル化・情報化に対応する人材の養成」という国家的な教育目標は，その後の金大中政権（1998-2003）においても基本路線として受け継がれ，2001 年の「国家人的資源開発基本計画」（以下，「第 1 次国家人的資源開発基本計画」）の立案へと結実していくことになった[12]．

(2) 計画立案の背景と目的

　第 1 次国家人的資源開発基本計画の立案を担ったのは，教育部長官を議長とし 18 個の部処（わが国の省庁に相当）の長官によって組織される「人的資源開発会議」であった．1998 年に出帆した金大中政権は，IMF 危機後の処理が一段落した 2000 年以降，活発な教育制度改革に乗り出した．その手始めとして 2000 年 3 月に発足したのが同会議であった．人的資源開発会議は 2001 年 12 月，韓国初の人的資源開発に関する国家レベルの総合計画となる第 1 次国家人的資源基本開発計画を樹立した．さらに翌 2002 年には同計画の法的根拠として「人的資源開発基本法」が制定され，2003 年には同施行令も制定された．

　同計画文書の前文には次のように記されている[13]．

　21 世紀の知識基盤社会において，国家の競争力はその国が保有する人的資源の水準によって左右される．知識を創造的に習得し活用しうる有能な人

的資源を，どれだけ効率的に開発し活用するかによって，われわれの未来が決定されるであろう．（中略）人間と知識の開発と活用を通じた新しい跳躍を目標にするこの計画が成功的に施行されるならば，わが国は 21 世紀を先導する人的資源強国，知識強国としてそびえたつことになるだろう．

　この前文には，人的資源が国際競争力を左右する知識基盤社会に能動的に対応するために，国家的で新しい人的資源開発体制が必要であるという認識が明確に示されている．このような背景から登場した国家人的資源開発基本計画の最終目標はきわめて明瞭である．それは「人的資源分野において世界 10 位圏の国際競争力を有する『人的資源強国』となるための基盤を構築すること」であった[14]．

　さらに 2001 年には政府組織の再編によって，従前の教育部が教育人的資源部へと改編された．これは，教育行政当局を国家レベルの人的資源開発政策に関する責任省庁とすることを明示したものである．これにともない教育人的資源部長官は副首相と位置づけられ，人的資源開発政策に関して省庁間の総合調整にあたる責任者となった．こうしたなか，21 世紀に対応した人的資源の開発という国家の至上目標達成のために，教育計画は人的資源開発計画の中へと包括されていったのである．

(3) 計画立案機構

　上述したように第 1 次国家人的資源開発基本計画は，2000 年に組織された人的資源開発会議によって立案された．同会議の特徴は，18 個もの関連部処の長官によって組織されている国家レベルの組織である点であり，なかでも副総理を兼任する教育人的資源部長官が議長を務めていた点は注目に値する．

　第 1 次国家人的資源開発基本計画は 2001 年から 2005 年までの 5 年間の中長期計画であるが，別途 1 年ごとに細部施行計画を立てている．この施行計画は，各関連部処が共同して立案したものを教育人的資源部長官が総括し，人的資源

第5章　韓国における総合的な教育計画の特徴と限界　91

開発会議傘下の専門委員会の意見を受けて調整したのち，人的資源開発会議に
おいて最終的に採択されるという手続きを踏むことになっており，施行計画立
案の過程においても教育人的資源部長官が主導的な役割を果たしていたことが
わかる．こうしたことは，同計画内において教育政策がいかに重要な位置を占
めていたかを如実に物語っている．

(4) 計画の内容

　第1次国家人的資源開発基本計画は，4つの政策領域と16個の政策分野，
119個の政策課題から構成されている．その内容は教育，職業訓練，研究開発，
雇用，福祉，産業など幅広い関連分野を含む総合的なものとなっている．なお
上述したように，基本計画以外に年度ごとの細部施行計画を立てることになっ
ており，さらに次年度にその成果を評価することで計画の実効性を確保してい
る．

　図5-1の通り，同計画の目的達成のための基本政策を示した政策領域は「全
国民の基礎能力強化」「成長のための知識と人材の開発」「国家人的資源活用お
よび管理の先進化」「国家人的資源インフラの構築」の4つであり，それぞれ
の政策領域の下に全16個の政策分野が示されている．

　各政策分野とその主な内容は表5-3の通りである．

　同計画はその名の通り人的資源開発に関する計画であるが，国民基礎教育の
保障，職業教育の強化，生涯学習体制の確立，教育を通じた健全な市民意識の
育成，才能教育の振興，大学教育の革新，芸術教育の強化，女性の能力開発な
ど総合的な教育計画としての性格を色濃く有していたことがその内容からわか
る．

　また，70年代の長期総合教育計画の内容と比べた場合，第1次国家人的資
源開発基本計画の特徴として以下のことを指摘することができる．第一に，知
識基盤社会の進展により70年代に比べて人的資源開発が多くの分野の共通課
題になったことが，教育分野の計画に留まらず多数の分野および関連部処を巻

〔目標〕

競争力ある国民，相互に信頼できる社会
―人的資源分野における国際競争力を世界10位圏へ―

〔政策領域・分野〕

① 全国民の基礎能力強化
（ⅰ）国民基礎教育の保障および初等・中等教育体制の自律化
（ⅱ）進取的・創造的な青少年文化の育成
（ⅲ）生涯職業能力開発体制の構築
（ⅳ）社会的弱者の能力開発を支援
（ⅴ）社会的信頼構築と市民意識の確立

② 成長のための知識と人材の開発
（ⅰ）才能児（英才）の早期発掘および育成
（ⅱ）国家戦略分野の知識開発および人材養成
（ⅲ）新たな発展の原動力として大学の役割と機能を革新する
（ⅳ）サービス産業を高度化するための人的資源を拡充する
（ⅴ）文化・芸術を知識資産化するための専門的人材を養成する

③ 国家人的資源活用および管理の先進化
（ⅰ）公共分野における人的資源の専門性を向上させる
（ⅱ）民間部門の人的資源開発および活用の先進化
（ⅲ）女性人的資源の活用度を向上させる

④ 国家人的資源インフラの構築
（ⅰ）人的資源の評価・管理および情報インフラの強化
（ⅱ）知識の流通・管理体制の整備
（ⅲ）人的資源政策の強化

〔重点戦略〕

| 開放化・ネットワーク化 | 情報化 | 脱規制化・自律化 | 女性人的資源活用の極大化 |

〔現況診断〕

	内的環境	外的環境
長所／好機	・高い学習熱と情報化の水準 ・十分な量の高級基盤	・世界化とアジア市場の拡大 ・人的資源の重要性に対する関心の増大
短所／危機	・女性の社会参加の不足 ・教育・訓練体制の硬直性・閉鎖性	・社会構成員の間の葛藤深刻化 ・東北アジアの経済秩序の再編

図 5-1　第 1 次国家人的資源開発基本計画の基本構造

出所）大韓民国政府（2001）『国家人的資源開発基本計画―人間，知識そして跳躍―』大韓民国政府，p.19

き込んだ国家レベルの計画として立案される背景となっている．第二に，「量」に関する計画から「質」に関する計画への転換が図られている．馬越（2002）が指摘しているように，韓国が国家発展の原動力と位置づける 21 世紀に対応する人材とは，これまでのような「勤勉に働き続ける労働力」ではなく，国際競争に太刀打ちできる高度な資質を身につけた人材なのである[15]．表 5-4 の

第5章　韓国における総合的な教育計画の特徴と限界　93

表 5-3　第 1 次国家人的資源開発基本計画の政策分野と主な内容

領　域	政策分野	主な内容
I　全国民の基礎能力強化	I-1　国民基礎教育の保障と初・中等教育体制の自律化	国民基礎教育の最低達成基準の設定や外国語・情報・キャリア教育の強化などによって，すべての児童・生徒が学校教育を通じて知識基盤社会を生き抜くために必要な基本的能力を身につけることができるようにし，それを支えるために学校の運営を自律化する
	I-2　取的・創造的な青少年文化の育成	青少年文化施設の拡充や学校と地域の協力体制構築など，多様な文化活動を通じて青少年が 21 世紀の韓国を担う主役となれるよう，学校をはじめとする地域社会の人的・物的資源を最大限活用するための体制を構築する
	I-3　生涯職業能力開発体制の構築	初・中等教育段階での職業教育強化や大学に成人のための職業教育課程を設置するなど，急速に変化する職業環境に対応できるよう，すべての国民が生涯にわたって自らの能力を開発できる体制を構築する
	I-4　社会的弱者層の能力開発支援	低所得層や障害者，高齢者などを対象とした教育訓練プログラムを拡充するなど，社会的に不利な立場にある人々が健全な社会構成員として活動できるよう支援する教育訓練の機会を拡大する
	I-5　社会の信頼構築と民主市民意識の確立	市民教育や国際理解教育，経済教育，職業倫理教育の強化など，共同体意識と責任感を土台として社会的信頼を構築し，成熟した国際社会の一員となるための合理的で開かれた態度を養う
II　成長のための知識と人材の開発	II-1　才能児の早期発掘および育成	才能児の早期発掘システムを整備し才能教育機関を拡大するなど，創造的で特別な才能を持つ優秀な人材を早期に発掘・育成し，彼らがその能力を発揮して社会に貢献できるよう国家レベルの人材管理システムを構築する
	II-2　国家戦略分野の知識開発とマンパワー養成	基礎研究の強化や大学教育の改善などを通じ，情報技術やバイオテクノロジーなど 21 世紀の韓国経済の成長・発展を牽引する戦略分野の知識・技術を開発するとともに，それを支える人的資源を体系的に育成・管理するための国家レベルの体制を確立する
	II-3　新しい成長の原動力としての大学の役割と機能の革新	産学連携や研究開発力を強化するなど，大学が知識の創出・拡散において中心的役割を果たせるようにするとともに，地域住民に対する高等教育の機会を拡大する
	II-4　サービス産業の高度化のための人的資源開発	WTO 体制に対応すべく，サービス部門の国家・民間資格拡充や従事者の再教育実施など，サービス産業を質的に高度化し顧客中心のサービス文化を定着させるために，民間の自律的な人的資源開発を支援する
	II-5　文化芸術の知識資産化のための専門マンパワー育成	文化施設の拡充や芸術教育の強化などによって，韓国的なアンデンティティと創造性に基づいて文化・芸術活動を主導する人的資源を育成し，21 世紀の文化先進国としての土台を築く
III　国家人的資源活用および管理の先進化	III-1　公職分野の人的資源の専門性向上	公務員試験の改善や成果主義の導入など，有能な公職分野の人的資源を確保・活用するために，公務員の採用・管理・教育訓練制度を能力と職務，専門性に基づく体制へと転換させる
	III-2　民間企業の人的資源開発・活用の先進化	人事慣行の革新や勤労者の学習権保障と教育訓練機会の拡大などを通じ，学歴・学閥ではなく能力を中心において人的資源を管理する企業文化を活性化し，勤労者の能力開発を重視する労使関係を誘導し，中小企業の脆弱な人的資源開発を支援する制度的な基盤を整える

	Ⅲ-3 女性人的資源の活用向上	仕事を持つ女性の能力開発や専業主婦の社会参画奨励，保育施設の拡大などにより，知識基盤社会に応じた女性人的資源の開発と活用を最大化して国家経済発展のための潜在力を増し，女性の人生の質と地位を向上させる
Ⅳ 国家人的資源インフラの構築	Ⅳ-1 人的資源評価・管理および情報インフラの構築	個人の学習経験を生涯にわたって記録・管理するシステムの導入などによって，人的資源への投資とその結果を公正に評価・管理するためのインフラを構築し，人的資源の供給者・需用者に関連情報が効果的に提供されるシステムを整える
	Ⅳ-2 知識の流通・管理体制の整備	知識の創出と流通が活性化されるよう，知識財産権保護制度の改善などによって多様な機関が体系的に知識管理をおこなうインフラを構築し，知識市場への民間の参加・交流を促進する
	Ⅳ-3 人的資源政策の力量強化	大学や政府系シンクタンクにおける人的資源開発関連研究を支援するなど，科学的で効果的な人的資源政策の樹立・施行のための基盤を作り，政府の政策力量を充実させ，地域住民を対象とした各地域の人的資源政策の力量を強化する

出所）大韓民国政府（2001）『国家人的資源開発基本計画―人間，知識そして跳躍―』大韓民国政府，pp.33-94 より筆者作成

通り，70 年代と比べて 2000 年代の韓国は，経済面でも教育面でも飛躍的な発展を遂げている．1970 年から 2000 年までの間に GDP は 70 倍近くに増え，国民 1 人当たりの GDP も 50 倍近く増えた．また，就学率が 20～30％台であった中等教育はすでに普遍化し，エリート段階に留まっていた高等教育機関への就学率も 10 倍近くの伸びを示した結果，今やユニバーサル段階へ突入している．こうしたことから，人的資源開発計画においても，もはや量的拡大を目指す段階を過ぎ，質的向上を目指す段階へと移行したのである．

表 5-4　各年の韓国の GDP および就学率（1970・2000・2015 年）

		1970	2000	2015（参考）
GDP（名目）（億ドル）		82	5,618	13,775
国民 1 人当たり GDP（名目）（ドル）		253.0	11,951.3	27,213.5
就学率（％）	初等学校	92.0	97.2	98.5
	中学校	36.6	95.0	96.3
	高　校	20.3	89.4	93.5
	高等教育機関	5.4	52.5	68.1

出所）韓国銀行経済統計システム，https://ecos.bok.or.kr/（2016 年 9 月 24 日アクセス），教育科学技術部，韓国教育開発院（2008）『2008 教育統計分析資料集』韓国教育開発院，p.30，教育部，韓国教育開発院（2015）『2015 整理された教育統計』韓国教育開発院，p.11 より筆者作成

（5）計画の成果と課題

　第1次国家人的資源開発基本計画は当初の予定通り2005年まで実施され，終了した．それでは，同計画はどのような成果と課題を残したのだろうか．まず同計画が達成した成果としては，主に以下のことが指摘されている[16]．第一に，初の本格的な国家レベルの人的資源開発計画として，人的資源開発政策を企画・総括・調整するための基礎を築いた点である．それまで主に教育分野において教育行政当局が個別に立案・実施していた人的資源開発政策を労働分野や産業分野を包括するものへと拡大し，人的資源開発のための法制的基盤を国家レベルで整備する契機となったことは高く評価されている．第二に，人材と知識による「人間立国」を目指す韓国において，人的資源開発政策の重要性に対する認識を高めた点である．第三に，限界はあったものの，同計画最終年の2005年には各部処間の協議により119個もの細部課題の施行計画が打ち出されるなど，部処間のパートナーシップを広げるきっかけを作った点である．

　一方，同計画については多くの課題も指摘されている．主なものとしては，以下のようなものがある[17]．第一に，それまで部処ごとに立案されてきた人的資源開発に関する内容が十把一絡げに同計画に包括されることとなったため，計画の目標もどうしても抽象的なものとならざるを得ず，個別の計画の実現可能性を追究することやそれに対応した予算の確保，具体的な成果指標の設定などが不十分になってしまった点である．人的資源開発の基準となる各分野の人材需給の予測が実証的に検討されないまま計画が立てられてしまったことから，一部は当初から実現可能性が疑問視される目標までもが計画に含まれることになったという．第二に，それまでに比べ人的資源開発政策に関する部処間のパートナーシップが広がったとはいえ，やはり現実には部処間の立場や意見の調整には限界があったという点である．その主たる原因として，計画立案を担った人的資源開発会議が各部処の担当する事業に関する評価や予算調整の権限を持っていなかったため，人的資源開発政策全体をうまく企画・総括・調整することができなかった点が挙げられている．特に，教育・産業・雇用・福祉の各

96

表5-5　各年の人的資源開発に関する国際指標（2000・2005 年）

	2000 年	2005 年
労働生産性（PPP 基準）	32 位／ 47 カ国	41 位／ 60 カ国
大学教育の経済的ニーズへの適応度	43 位／ 47 カ国	52 位／ 60 カ国
人間開発指数（HDI）	31 位	28 位
若年層失業率（％）	8.1	7.4
若年層の経済活動参加率（15 〜 29 歳）（％）	47.2	48.0
女性の経済活動参加率（％）	48.8	50.1
生涯学習参加率（％）	17.2	21.6

出所）教育人的資源部，財政経済部，科学技術部ほか（2006）『第 2 次国家人的資源開発基本計画（'06
　'10）』教育人的資源部，財政経済部，科学技術部ほか，p.5

分野の政策連携が不十分であったことが，所期の成果を収めることができなか
った要因のひとつとして指摘されている．表5-5 は第 1 次国家人的資源開発基
本計画実施前の 2000 年と計画最終年の 2005 年の人的資源開発の国際指標を比
較したものである．これを見てもわかるように，同計画が実際の人的資源開発
指標の向上において必ずしも大きな成果を上げたといえないことがわかる．

4　21世紀の教育計画の継続と挫折―「第2次国家人的資源開発基本計画」―

(1)「第 2 次国家人的資源開発基本計画」の登場

　2003 年の金大中大統領の任期満了にともない，第 1 次国家人的資源開発基
本計画は続く盧武鉉政権（2003-2008）に引き継がれることとなった．革新系の
盧武鉉政権は同じく革新系であった金大中政権の政策の基本路線を継承した
ことから，国家レベルの人的資源開発計画の枠組みもそのまま維持された[18]．
2005 年に第 1 次国家人的資源開発基本計画の実施期間が終わることを受け，
2006 年 1 月，新たに 2006 年から 2010 年までの 5 年間を実施期間とする「第 2
次国家人的資源開発基本計画」が立案された．同計画も第 1 次国家人的資源開
発基本計画と同様に総合的な教育計画を含んだ国家レベルの人的資源開発計画
であり，教育人的資源部を始め財政経済部や科学技術部，国防部，文化観光部，
情報通信部，労働部，女性家族部など 20 の部処が参加することとなった．

(2) 計画立案の背景と目的

　第2次国家人的資源開発基本計画は，少子高齢化や経済格差・地域間格差の拡大，グローバル化のさらなる進展といった新たな課題への対応を見据えつつも，基本的な方向性は第1次国家人的資源開発基本計画と軌を一にしていた．上述したように，第1次国家人的資源開発基本計画の最終目標は「人的資源分野において世界10位圏の国際競争力を有する『人的資源強国』となるための基盤を構築すること」[19] であった．これに対し第2次国家人的資源開発計画の最終目標は「学習社会，人材強国建設—人的資源分野国家競争力10位圏達成—」となっている．人的資源開発における大国となるための「基盤構築」から「建設」や「達成」へと目標が一段階引き上げられているものの，大きな違いはないことがわかる．

(3) 計画立案機構

　第1次国家人的資源開発基本計画において部処間の連携が十分にとれなかった反省を踏まえ，第2次国家人的資源開発基本計画では計画立案機構の権限が強化された．第1次国家人的資源開発計画の計画立案機構であった人的資源開発会議を拡大改編し，「国家人的資源委員会」を新たな計画立案機構として設置したのである．人的資源開発会議の議長が教育人的資源部長官兼副総理であったのに対し，国家人的資源委員会の委員長は大統領自らが担うことになった．また，同委員会は各部処の長官とともに，全国経済人連合会，韓国経営者総連盟，大韓商工会議所，中小企業協同組合中央会など経済界の代表と，民主労組，韓国労組など労働界の代表も委員として参加することになった．教育人的資源部には各部処の次官によって構成される「人的資源革新本部」（のち「人的資源開発政策本部」と改称）が設置され，事務局としての機能を担った[20]．

(4) 計画の内容

　第2次国家人的資源開発計画は4つの政策領域と20個の政策分野，200個

98

の細部課題から構成されており[21]，基本構成は第1次国家人的資源開発基本計画と似たものとなっている．このうち主要な課題は合計67個あり，複数の部処で共同で推進するものが18個，各部処が個別に推進するものが49個である．後者のうち教育人的資源部が推進する課題は24個と群を抜いて多く，個別課題の約半数を占めている[22]．ここから，第2次国家人的資源開発計画に

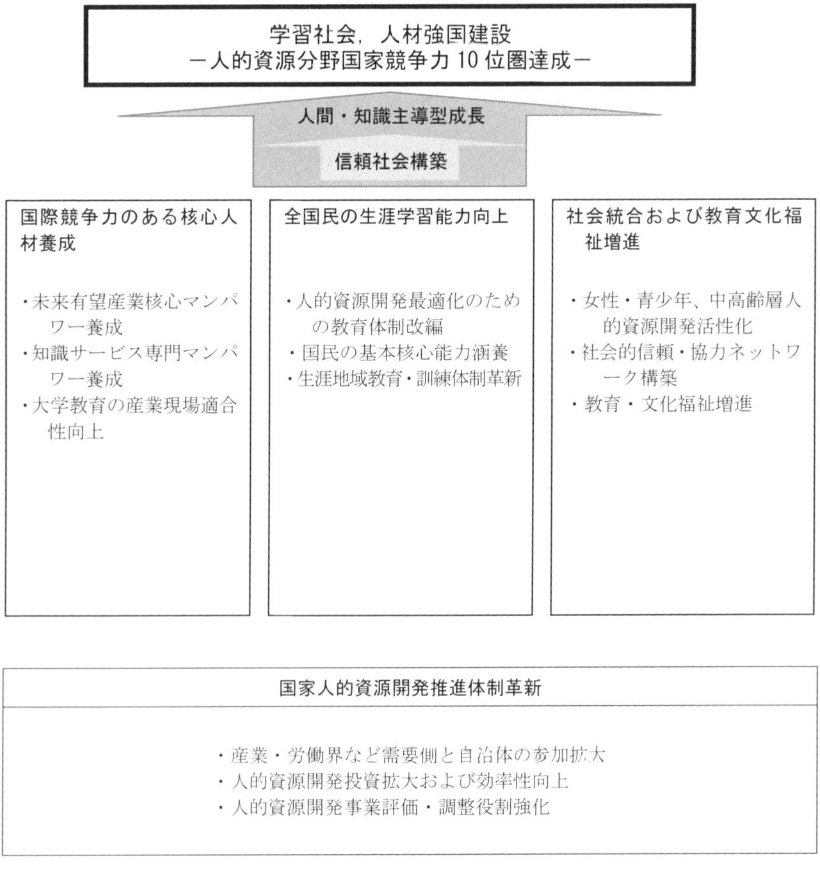

```
┌─────────────────────────────────────┐
│       学習社会，人材強国建設           │
│ －人的資源分野国家競争力10位圏達成－   │
└─────────────────────────────────────┘
         人間・知識主導型成長
            信頼社会構築
```

国際競争力のある核心人材養成	全国民の生涯学習能力向上	社会統合および教育文化福祉増進
・未来有望産業核心マンパワー養成 ・知識サービス専門マンパワー養成 ・大学教育の産業現場適合性向上	・人的資源開発最適化のための教育体制改編 ・国民の基本核心能力涵養 ・生涯地域教育・訓練体制革新	・女性・青少年、中高齢層人的資源開発活性化 ・社会的信頼・協力ネットワーク構築 ・教育・文化福祉増進

国家人的資源開発推進体制革新
・産業・労働界など需要側と自治体の参加拡大 ・人的資源開発投資拡大および効率性向上 ・人的資源開発事業評価・調整役割強化

図5-2　第2次国家人的資源開発基本計画の基本構造

出所）教育人的資源部，財政経済部，科学技術部ほか（2006）『第2次国家人的資源開発基本計画（'06〜'10)』教育人的資源部，財政経済部，科学技術部ほか，p.19

第5章　韓国における総合的な教育計画の特徴と限界　99

表5-6　第2次国家人的資源開発基本計画の政策分野と主な内容

領　域	政策分野	主な内容
I　国際競争力のある核心人材養成	I-1　未来有望産業を牽引する核心マンパワー養成	情報技術やバイオテクノロジーなど次世代の成長分野を国家戦略分野と位置付け，省庁間の連携により計画期間中に先端核心マンパワーを1万名養成する 第2段階頭脳韓国21（Post-BK21）事業などを通じて重点研究開発分野を発掘し，源泉技術開発のための研究マンパワーを養成する 知識創出の根幹となる基礎研究を強化する 基礎研究・応用研究・商品開発の融合を促進するための産学連携体制を構築する
	I-2　知識サービス分野の専門マンパワー養成	国際基準に対応した専門職大学院の育成等を通じて付加価値の高い知識サービス分野の専門マンパワーを養成する体制を構築する 知識サービス関連の教育訓練プログラムの多様化・専門家を図る
	I-3　大学教育の産業現場への適合性向上	社会経済的ニーズを反映しつつ大学の特性化を推進する 各大学が強みとする分野への特性化のための大学構造改革を推進する 大学教育の現場適合性を高めるための産学協力を推進する
	I-4　人的資源開発および活用の国際化	コミュニケーション中心の初・中等英語教育を強化するなど国際化・開放化時代に応じた国民の外国能力を育成する 留学生の誘致プロジェクトなどを通じた国外の人的資源の戦略的誘致と活用をおこなう 学位・資格の国際通用性確保など教育の国際化・グローバル化を通じた教育競争力の強化
	I-5　秀越性教育の拡大	水準別移動授業の実験校を拡大するなど児童・生徒中心の水準別カリキュラムの運営を強化する 早期進級・卒業制度を活性化する 才能教育の分野を多様化し対象者を全児童・生徒の1％まで拡大したり，問題解決能力育成などに照準を絞って上位5％の児童・生徒の学力を世界トップレベルに高めるなど才能教育の量的・質的水準を高める
II　全国民の生涯学習能力向上	II-1　人的資源開発を最適化するための教育体制改編	少子高齢化に対応するために幼児教育や成人教育を拡大するなど初・中等教育段階の教育体制を革新する 職業教育と普通教育の調和を図るとともに職業教育の高大連携体制を構築する 成人の高等教育機会を拡大する 全国民の生涯教育を支えるための体制を充実させる
	II-2　国民の基本核心能力の涵養	国家カリキュラムを適宜改正できる体制へと転換する 国家レベルで基本能力の指標を設定したり倫理教育を強化するなど基礎学力保障および価値教育を強化する 教員の養成・研修体制を改善する
	II-3　職業教育・訓練・生涯学習体制の革新	学校段階を超えた一貫したキャリア教育を推進する 実業系高校と専門大学の職業教育を充実させ特性化させる 勤労者のための職業能力開発支援を強化する 高等教育機関における成人継続教育を活性化させる
	II-4　地域の人的資源開発推進	人的資源開発について政府と地域，地域同士の連携を強化する 地域の人的資源を評価する指標を開発するなど調査・分析・評価体制を強化する 地方大学の教育を革新し地域産業のマンパワーを育成する

	II-5 軍・公職分野の人的資源開発の活性化	徴兵期間中の単位取得，学力補完，資格取得等の機会を提供する	
		民間から公職への転職に関する各種障壁を緩和するなどして優秀な人材を採用できるようにする	
III 社会統合および教育・文化福祉増進	III-1 女性の人的資源開発活性化	女子へのキャリア教育を強化し，高学歴女性の就業を促進し，在職中の女性の能力開発を活性化する	
		科学技術分野や学問研究分野など専門職への女性の進出を拡大する	
		キャリアを中断した女性の能力開発や再就職の支援のための法的基盤を構築する	
		保育費補助の拡大など仕事と家庭を両立させるための保育インフラを拡大する	
	III-2 青少年および中高齢層の人的資源開発促進	若年層の雇用創出・拡大を支援する	
		中高齢層の就業可能性を高め雇用を拡大する	
		低所得層の職業能力を強化し，障害者の雇用を拡大する	
	III-3 雇用支援サービスおよび雇用慣行の革新	若年層や失業者に体系的な職業指導や総合的就業支援をおこなうためのインフラを構築する	
		性・年齢差別を禁止するなど雇用慣行の革新をおこなう	
	III-4 社会的信頼・協力ネットワークの拡充	多様な人的資源を活用するために様々な分野のボランティア活動を促進するためのインフラを構築する	
		国際理解教育プログラムや若年層の能力開発支援を実施する	
	III-5 社会的バランスを高めるための教育福祉増進	大学生向けの奨学金制度を拡大する	
		地域内・地域間の教育格差を解消する	
		低学力層への指導強化や不登校・中退者，障害者，脱北者，外国人児童・生徒などへのオルタナティブ教育提供を通じた教育疎外階層への支援を拡大する	
		就学前無償教育の拡大など少子化に備えた人的資源開発対策を樹立する	
IV 人的資源開発インフラの拡充	IV-1 マンパワー需給展望体制構築	国家レベルのマンパワー需給展望モデルの開発および展望システムを構築する	
		詳細な分野別統計などに基づく科学的なマンパワー需給展望インフラを拡充する	
	IV-2 人的資源情報の生成・提供	職業情報を学校等に提供し児童・生徒・学生や求職者の進路設計・職業選択を支援する	
		大学情報公示制の実施など教育・労働市場の情報を拡充する．	
		様々な人的資源関連情報を連携させ体系的に管理する	
	IV-3 知識と管理の保護体系の確立	学術・統計情報管理システムの改善など知識の生成・活用・拡散のための政策の基本枠組みを整備する	
		著作権者の権利養護強化などを通じ知識保護および価値保障の革新を推進する	
		各分野の知識保有実態総合分析を国家レベルでおこなう	
	IV-4 人的資源の評価・認証体制構築	現場に則した資格制度の改編や国家資格と民間資格を総合的に体系化するなどして資格の信頼性を確保する	
		「人的資源開発モデル企業」の認証などを通事企業の人的資源開発システムを高度化する	
		「高等教育評価院」を設立し大学評価体制を革新する	
	IV-5 人的資源開発政策の総括・調整のための基盤拡充	従前の人的資源開発会議を国家人的資源開発委員会へと拡大改編し政府，地方自治体，産業界，労働界が共同参加する国家人的資源政策樹立・総括・調整体制を確立する	
		各省庁の人的資源開発事業を体系的に管理・評価・調整するための総合情報システムを構築する	

出所）教育人的資源部，財政経済部，科学技術部ほか（2006）『第2次国家人的資源開発基本計画（'06～'10)』教育人的資源部，財政経済部，科学技術部ほか，pp.21-66，p.91 より筆者作成

おいても教育計画がその中心を担っていたことが分かる.

第2次国家人的資源開発計画の政策領域は,図5-2の通り,「国際競争力のある核心人材養成」「全国民の生涯学習能力向上」「社会統合および教育・文化福祉増進」「人的資源開発インフラの拡充」である.図5-1と比べるとわかるように,第1次と第2次の国家人的資源開発計画の政策領域には強い関連性が見られる.

また,第2次国家人的資源開発計画の各政策分野とその主な内容は表5-6の通りである.第1次と第2次の国家人的資源開発計画の政策分野に盛り込まれた内容を比べてみると,多くの共通点が見出される.たとえば,いわゆる6T(情報技術,バイオテクノロジー,ナノテクノロジー,環境技術,宇宙技術,文化技術)と呼ばれる将来成長が期待される分野の人的資源開発への集中投資,21世紀の社会に対応した国民の基礎能力育成,生涯学習体制の構築と職業訓練・教育体制の強化,大学教育の改善と機能別分化促進,ハイタレントマンパワーの発掘・育成のための才能教育の振興,女性の能力開発と社会進出推進,社会的弱者への教育的配慮の充実などである.

他方,人材需給を予測するための体制の構築や人的資源開発政策の総括・調整のための基盤を拡充するといった内容は,第1次国家人的資源開発計画の反省を踏まえて新たに盛り込まれたものと考えられる.

(5) 計画実施の挫折

以上のように,第1次国家人的資源開発計画の基本路線を継承しつつも,その反省を踏まえて計画立案機構の権限を強化するなどの工夫をこらした第2次国家人的資源開発基本計画であったが,結局は所期の目的を達成することなく自然消滅することとなる.その主たる要因のひとつとなったのが,盧武鉉大統領のレームダック化によるリーダーシップの不在である.2006年の同計画始動当時,統一地方選挙における与党の歴史的惨敗などもいた.さらに盧武鉉大統領の支持率は任期を約2年残した2006年6月時点で20.2%まで落ち込んでいた.さらに,

102

同年末には 5.7％とそれまでの大統領の中で最低の支持率を記録している[23]。

　また，計画立案・実施におけるリーダーシップ強化のために大統領自身が委員長を務める国家人的資源委員会の設置は第 2 次国家人的資源開発計画の目玉であったが，同委員会設置を内容に盛り込んだ人的資源開発基本法の改正案は実に 2 年もの間国会での議論が続き，改正案が通過し公布されたのはようやく 2007 年 4 月になってのことであった。このため実際に国家人的資源委員会の第 1 回委員会が開催されたのは，盧武鉉大統領の任期満了間際の 2007 年 7 月のことであり，人的資源開発政策本部が始動したのは同年 8 月のことであった[24]。国家人的資源委員会が発足するまでの間は人的資源開発会議が引き続き計画立案機構としての役割を担ったが，同会議が 2000 年 3 月から 2007 年 5 月まで計 68 回開催され，260 余りの人的資源開発に関する事案を審議した[25]のとは対照的に，国家人的資源委員会は計 2 回しか開催されず，わずか 10 個の事案を審議したのみであった。結局，2007 年 12 月の大統領選挙で李明博候補が次期大統領に決まったことが決定打となり，国家人的資源委員会は発足からわずか 6 カ月で自然消滅した[26]。

　2008 年 2 月の李明博政権の出帆後，教育人的資源部は教育科学技術部へと改編され，教育行政当局は人的資源開発政策の責任省庁でなくなるとともに，同部長官の副総理兼任も廃止された。こうして 2000 年代はじめから続いた国家レベルの人的資源開発計画の枠組みは解体され[27]，その後の朴槿恵政権（2013-2017）においても国家レベルの人的資源開発計画が立案されることはなかった。

　ただし，第 2 次国家人的資源開発基本計画に示された人的資源開発政策の内容は，李明博政権以降個別の部処によって実施されたものも少なくない。たとえば，教育人的資源部管轄の主要政策課題とされているもののうち，第 2 段階頭脳韓国（BK21）事業，大学の特性化推進，英語教育の活性化，留学生の積極誘致，才能教育の振興，公営型自律学校の設立，放課後学校の運営拡大，職業教育体制の革新，地方大学革新力量強化（NURI）事業，奨学金制度拡大，高等教育評価体制の革新などの政策課題は李明博政権に受け継がれ，着実な成果を

第5章　韓国における総合的な教育計画の特徴と限界　　103

上げている．「小さな政府」を目指す政権の下で国家レベルの人的資源開発計画の枠組みは否定されたものの，90年代から続く21世紀対応の教育計画の方向性そのものは現在まで継承されていると考えることができる．

5 おわりに―21世紀の総合的な教育計画の特徴と限界―

　本章では，70年代に登場した長期総合教育計画，そして2000年代に登場した2つの国家人的資源開発基本計画をもとに，韓国における総合的な教育計画について検討してきた．最後に，これら3つの教育計画を比較検討することで，21世紀の総合的な教育計画の特徴と限界について考察したい．

(1) 人的資源開発と教育計画の強い関連性

　個人の能力を国家の資源と見なし，教育によって経済発展や社会発展を含めた国家発展を成し遂げようという素朴な信念は，70年代と2000年代の総合的な教育計画に通底しており，韓国の教育計画にはマンパワーポリシーの強い影響があることがわかる．ただし，70年代に立案された長期総合教育計画は実質的に経済開発計画に従属する位置にあった一方で，2000年代に立案された第1次および第2次国家人的資源開発基本計画においては，教育計画が人的資源開発という大規模な国家政策の中に内包され，その中心的役割を担うことを期待されていた．その後，国家レベルの人的資源開発計画の枠組み自体は解体されたものの，産業の基盤を支える中堅人材の育成や高い国際競争力を持つハイタレントマンパワーの育成はもちろん，生涯学習や教育福祉などに関する教育計画までが人的資源開発との関連において捉えられるようになっている状況は変わらない．

　なお，将来成長が期待される分野の人的資源開発への集中投資，21世紀の社会に対応した国民の基礎能力育成，生涯学習体制の構築と職業訓練・教育体制の強化，大学教育の改善と機能別分化促進，女性の能力開発と社会進出推進，

社会的弱者への教育的配慮の充実など，2000年代の韓国の総合的な教育計画に見られた方向性は，おおよそわが国の教育政策の方向性とも共通しているといえる．こうした特徴は，天然資源に恵まれず，すでに高いレベルの経済発展を達成し，産業構造が高度化した社会における教育計画の共通点といえるかも知れない．

(2) 総合的な教育計画の限界

　最後に，21世紀の総合的な教育計画に見られた限界について指摘しておきたい．繰り返し述べているように，2000年代の総合的な教育計画は，それが人的資源開発計画の中に包括されたものであった点に特徴がある．人的資源開発計画を国家レベルで総合的に立案することは，各部処がそれぞれ立案・実施してきた人的資源開発計画の重複を避け，部処間の連携を通じて国家に必要な人材を計画的に養成できるという点で効率的である．しかしながら，計画の規模が大きくなればなるほど多分野にわたる正確な人材需給予測が必要になるし，関連する部処間の連携を主導する強力で安定した政治的リーダーシップも必要になる．韓国において2000年代の総合的な教育計画が必ずしも所期の成果を収めることができなかったのは，これらの条件を満たすことが容易でないことに起因すると考えられる．変化の激しい21世紀の現在社会において幅広い分野の人材需給を何年も先まで正確に推測することは至難の業であるし，強力な権限を持つがゆえに5年1期の任期しか許されていない韓国の大統領制では長期安定政権も生まれにくいからである．

　また，韓国のようにすでに高い水準の経済発展を遂げ，中等教育の普遍化と高等教育のユニバーサル化が達成された国では，教育計画の目標もかつてのような量的拡大に重点を置いた単純素朴なものではなく，質的向上に重点を置いたより高度で複雑なものへと変わっていく．さらに教育計画が国家レベルの人的資源開発計画に包括されることによって，ひとつの目標を達成するために幅広い分野の部処間で役割分担の調整や予算配分の折衝などが必要になり，目標達成に至るプロセスはより複雑化する．2008年に国家レベルの人的資源開発

計画の枠組みが解体されたのちに，かつてそこに示されていた政策課題が個別
部処の取り組みによって比較的良好な成果を収めることができている状況を見
ると，21世紀という変化の激しい時代において韓国のような条件下にある国
では，教育計画も国を挙げての大規模な体制よりむしろ「小回り」が効く体制
の下で立案・実施されるほうがかえって有効なのかも知れない．

注)
1)　朴正熙は1961〜1963年まで国家再建最高会議副議長および議長，1963〜1979
　　年まで大統領の職にあり，約20年にわたって韓国の最高指導者として君臨し続け
　　た．狭義の朴正熙政権は大統領就任以降の時期にあたるが，ここでは軍事クーデ
　　ターによる実権掌握をもって朴正熙政権のはじまりとする．
2)　馬越徹 (1981)『現代韓国教育研究』高麗書林，pp.170-172.
3)　チュ・ヘラン (1990)「長期総合教育計画に関する研究」延世大学校大学院教育
　　学科碩士学位論文，pp.53-54.
4)　長期総合教育計画審議会専門委員会 (1970)『長期総合教育計画要約 (第1次試案)』
　　長期総合教育計画審議会専門委員会，p.7.
5)　なお，同審議会を大統領直属の諮問機関とすべきであるという主張もあったが，
　　結局は国務総理の傘下に属することとなった．しかし実質的には，同審議会は文
　　教部に属する機関としての色彩が強かったということである (チュ・ヘラン (1990)
　　前掲論文，p.40).
6)　教育科学技術部，韓国教育開発院 (2008)『2008教育統計分析資料集』韓国教育
　　開発院，p.30.
7)　イ・ジョンジェ (1998)「教育計画」ソウル大学校教育研究所『教育学大百科事典』
　　第1巻，ハウドンソル，pp.385-386.
8)　チュ・ヘラン (1990) 前掲論文，pp.64-67.
9)　1985年時点における各学校段階の就学率は，中学校82.0%（82.0〜84.8%），高
　　校64.2%（52.9〜66.1%），高等教育機関22.9%（12.8〜19.2%：ただし「大学」)
　　であった（カッコ内は長期総合教育計画に示された1986年までに達成する目標
　　値）．また，下級学校から上級学校への進学率は，小学校→中学校99.2%（95〜98
　　%），中学校→高校90.7%（70〜74%），高校→高等教育機関36.4%（34〜42%：
　　ただし「大学」）であった（同上）（教育科学技術部，韓国教育開発院 (2008) 前掲書，
　　p.30, p.34).
10)　チュ・ヘラン (1990) 前掲論文，pp.64-67.
11)　教育改革委員会 (1995)『世界化・情報化時代を主導する新教育体制樹立のため

の教育改革方案』第2次大統領報告書，教育改革委員会，pp.2-14.

12) キム・ヒョンマン（研究責任者）（2007）『人的資源関連基本計画分析研究』教育人的資源部，前書き.

13) 大韓民国政府（2001）『国家人的資源開発基本計画―人間，知識そして跳躍―』大韓民国政府.

14) 同上書，p.2.

15) 馬越徹（2002）「韓国の社会変動と教育改革に関する研究」日韓文化交流基金『訪韓学術研究者論文集』第2巻別刷，p.34.

16) キム・ヒョンマン（2007）前掲書，pp.96-97.

17) 教育人的資源部，財政経済部，科学技術部ほか（2006）『第2次国家人的資源開発基本計画（'06～'10）』教育人的資源部，財政経済部，科学技術部ほか，pp.2-5，キム・ヒョンマン（2007）前掲書，pp.98-99.

18) イム・ギョンス，イ・フィス（2014）「Fischer の政策分析に根拠した国家人的資源開発政策の展開過程研究（2000年～2007年)」『韓国教育』第41巻第3号，韓国教育開発院，p.189.

19) 大韓民国政府（2001）前掲書，p.2.

20) イム・ギョンス，イ・フィス（2014）前掲論文，pp.201-202.

21) 教育人的資源部，財政経済部，科学技術部ほか（2006）前掲書，p.91.

22) 同上書，p.71.

23) 朝鮮日報ウェブ，http://www.chosun.com/politics/news/200606/200606050001.html（2016年9月30日アクセス），中央日報ウェブ版，http://news.joins.com/article/2529271（2016年9月30日アクセス）.

24) イム・ギョンス，イ・フィス（2014）前掲論文，p.203.

25) キム・ヨンチョル（2007）「国家人的資源政策推進体制改編と今後の計画」『The HRD Review』第10巻第2号，韓国職業能力開発院，pp.35-36.

26) イム・ギョンス，イ・フィス（2014）前掲論文，p.203.

27) 同上論文，p.183，p.189.

引用・参考文献
〔日本語文献〕
馬越徹（1981）『現代韓国教育研究』高麗書林

馬越徹（2002）「韓国の社会変動と教育改革に関する研究」日韓文化交流基金『訪韓学術研究者論文集』第2巻別刷

裴海善（2011）「韓国経済の50年間の政策変化と成果」『筑紫女学園大学・筑紫女学園大学短期大学部紀要』第6号，筑紫女学園大学，pp.187-193

山内乾史，杉本均（2006）『現代アジアの教育計画（上）』学文社

第5章　韓国における総合的な教育計画の特徴と限界　107

〔韓国語文献〕

イ・ジョンジェ（1998）「教育計画」ソウル大学校教育研究所『教育学大百科事典』
　　第1巻，ハウドンソル，pp.385-388

イム・ギョンス，イ・フィス（2014）「Fischer の政策分析に根拠した国家人的資源開
　　発政策の展開過程研究（2000 年〜 2007 年）」『韓国教育』第 41 巻第 3 号，韓国教
　　育開発院，pp.181-212

キム・ヒョンマン（研究責任者）（2007）『人的資源関連基本計画分析研究』教育人的
　　資源部

キム・ユンテ（1998）「教育改革」ソウル大学校教育研究所『教育学大百科事典』第
　　1巻，ハウドンソル，pp.369-375

キム・ヨンチョル（2007）「国家人的資源政策推進体制改編と今後の計画」『The
　　HRD Review』第 10 巻第 2 号，韓国職業能力開発院，pp.34-43

教育改革委員会（1995）『世界化・情報化時代を主導する新教育体制樹立のための教
　　育改革方案』第 2 次大統領報告書，教育改革委員会

教育科学技術部，韓国教育開発院（2008）『2008 教育統計分析資料集』韓国教育開発
　　院

教育人的資源部（2002）『国家人的資源開発基本計画による分野別施行計画』教育人
　　的資源部

教育人的資源部，財政経済部，科学技術部ほか（2006）『第 2 次国家人的資源開発基
　　本計画（'06 〜'10）』教育人的資源部，財政経済部，科学技術部ほか

教育部，韓国教育開発院（2015）『2015 整理された教育統計』韓国教育開発院

大韓民国政府（2001）『国家人的資源開発基本計画—人間，知識そして跳躍—』大韓
　　民国政府

チュ・ヘラン（1990）「長期総合教育計画に関する研究」延世大学校大学院教育学科
　　碩士学位論文

長期総合教育計画審議会専門員会（1970）『長期総合教育計画要約（第 1 次試案）』長
　　期総合教育計画審議会専門員会

鄭泰秀（1995）『大韓民国国家教育計画（1969 〜 1995)』叡智閣

ユン・ジョンイル，チョン・スヒョン（2003）『韓国公教育の診断—選択の自由と公
　　正性—』集文堂

〔韓国語ウェブサイト〕

韓国銀行経済統計システム，https://ecos.bok.or.kr/

中央日報ウェブ版，http://joongang.joins.com/

朝鮮日報ウェブ版，http://www.chosun.com/

第6章

日本における学習指導要領の改訂について考える
―「正解主義」からの脱却と,アクティブ・ラーニング導入による子どもたちの「息苦しさ」に注目して―

1 はじめに

　2011年に始まった学習指導要領の改訂を,「ゆとりからの脱却」や,「詰め込み教育」への転換への端緒と指摘する声は大きい.小学校における外国語教育の導入,授業時間数や学習範囲の増加,一部市町村における土曜授業の復活など,わが国が再び学力向上に舵を取ったと感じる人は多いであろう.

　さらに,こうした流れに沿う形で2017年に改訂された新学習指導要領(小学校は2020年,中学校は2021年,高等学校は2022年に実施予定)では,「社会に開かれた教育課程」を重視し,子どもたちの学ぶ知識の理解の質を高めるために,「主体的・対話的で深い学び」を推進している.具体的には,すべての教科において,① 知識および技能,② 思考力,判断力,表現力,③ 学びに向かう力,人間力などの3つの柱をもとに学習の意義を共有しながら,「何ができるようになったのか」を明確化しているところに特徴をもつ.

　また具体的には,小学校での「外国語活動の時間」を現行の5年生開始から3年生へと前倒しし,その5年生からは「外国語科」が教科として導入されること,主権者教育や消費者教育,プログラミング学習を含めた情報活用能力の向上など,これまでの学校教育では扱われることの少なかった分野の学びが推進されようとしている.

第6章　日本における学習指導要領の改訂について考える　109

　また，特筆すべきは，2018年（中学校では2019年）より「道徳の時間」が特別な教科とされ，道徳を多面的・多角的な視点からアプローチすることが求められるようになるばかりでなく，学び方にもアクティブ・ラーニングを前提とした議論を伴う学習方法が提起され，内容には「いじめ」や国際理解などの現代的な課題についても取り扱うことが決定されている．

　こうした昨今の指導要領の改訂をひとくくりに語れば，それは，ゆとり教育からの反動としての人間力の希求，学習の質の高さを伴った学力向上策と考えられる．依然として，体験活動や「生きる力」を育む観点は残るものの，改訂内容の多くを占めるのは学習の質を向上させるための授業方法の改善や教科内容の再検討であり，「子どもたちの主体性を尊重した学び」から「子どもたちにどのように学ばせるのか」への転換が図られつつあるといえる．それは先行きが不透明な社会の変化に対応できる学習者としての基盤を形成する時期として学校教育が位置付けられている，とも言い換えることができよう．

　そうした教育政策の転換に前後する形で，都市部を中心に進行しているのが，「お受験」と呼ばれる進学を目指した小・中学校や高校への受験・合格を目指す過度な学力獲得競争である．2000年以前であれば首都圏の一部の保護者だけにみられる特徴であった「お受験」は，2000年代中ごろから近畿圏や東海圏にも波及しており，幼少期の例でみれば，「わが子をどの幼稚園に入れるのか」や，「小学校は私立に行かせたいので，習い事に寛容な園に通わせたい」と考える保護者が現実には少なくないのである．先述した学習指導要領の改訂についても，こうした保護者の「学力」を求める声が背景にあったという指摘まである．

　本章では，とりわけアクティブ・ラーニングを基盤とした「新」学習指導要領の改訂が，これまでの「正解主義」といわれた日本の学校教育にどのようなインパクトを与えようとしているのかを考えるとともに，副産物として子ども

たちに「つながり」を過度に求める結果，想起されるであろう「息苦しさ」について考察することをねらいとしている．

2 教育への投資と新自由主義

　日本の教育費は公的負担が少なく，私的負担の割合が大きいことは，OECDなどの国際比較データからも明らかである．たとえば，教育支出における私費負担の割合が国家レベルで最小であるのはイタリア（7.7%）であり，ついでフランス（9.1%），ドイツ（14.8%）となっている．それに対して，わが国は先進国のなかでももっとも教育費の私費負担が大きい国のひとつであり，33.3%という数値はイタリアの約4倍となっている[1]．こうした背景として，片岡栄美ら（2008）によれば，近年の社会状況の変化，とりわけ教育に関する新自由主義と市場原理主義の導入は人々の価値意識の面において，能力主義的・競争的価値観や教育への投資感覚の増大を引き起こしたことを論じている[2]．

　一方で，1980年代以降の教育費一律削減の影響を主張する声もある．たとえば，矢野眞和（2008）は，30代と40代の高卒と大卒者の賃金格差は大きくなっており，生涯獲得賃金の学歴による格差は，現代社会において拡大していること，とりわけ不況期においてその差が大きくなることを指摘した[3]．また，こうした教育格差は社会の構造的な問題だけでなく，片岡らが指摘するような集団の同質性を高め，社会的排除につながる現代における階層閉鎖戦略[4]を導き出しており，社会的分断を促進する傾向があるとも主張されている．

　こうした社会の構造や意識の変化を背景として，子どもたちの学力低下をめぐる問題が喧しい．しかし，学力の低下という言説はどこまで正しいのだろうか．結論からいえば，子どもたちの学力はその全体が一様に落ちたのではなく，階層間の格差をともなって一部の家庭環境に恵まれない子どもたちに大幅な落ち込みが見られている，が正確な解釈であるというべきであり，それは学力に関する近年の先行研究をみても明らかである．たとえば，東京大学の研究グル

ープは，学力の二極化は通塾の有無によってその格差が拡大してきたことと無関係ではないと指摘している[5]．すなわち，「お受験」に熱心な親たちは，子どもたちに小さい頃から習い事や塾通いを奨励し，「ゆとり教育」といわれた時期であっても，決して子どもたちを「ゆとらせ」てはおらず，むしろ幼児期の段階に高度な読み書き能力を身に着けることに躍起になっており，幼稚園や保育園で子どもたちが夜遅くまでの習い事で疲れており，居眠りしてしまうことも少なくないようである．幼稚園や保育園の関係者は「今の保護者は子どもたちの目に見える成長を喜び，目に見えない成長については興味を示さないため，子どもが親に気を使って一生懸命文字を書こうとする」と不安を口にする．学力の二極化の傾向の一端が，すでに幼児期の段階でみられるのである．

　さらに，かつての英国における階級格差を指摘したポール・ウィリス（P. Willis, 1977）の研究によれば，労働者階級の子どもたちは自らの仲間文化を中産階級以上のそれと分断させ，学校文化に親和性の強い富裕層の子どもたちを「耳穴っ子（ear'oles）」と呼んで軽蔑や嘲笑の対象にした実態を指摘した[6]．このような対立関係が，日本においては学力の高低を基準に塾に通う子どもたちのなかに見られるようになってきたのではないだろうかという実態も指摘できる[7]．

　そこで，本章では学力をめぐる現象に着目しながら，以下の2点を明らかにする．① わが子に対する学力獲得戦略の背景に社会の構造的要因があること．すなわち，教育費負担の大きな地域とそうでない地域が存在し，それが学力とどのような関係性をもつのか，言いかえれば，子どもへの教育投資が可能な家庭とそうでない家庭の学力格差はどうであるのか，といった実態について実証的なデータを用いて明らかにすること．② このようにして生まれた子どもたちの学力の二極化が，彼らの心理的側面にどのような影響を与えているのか，またそれを支える親たちの意識レベルにもどのような差異があるのかを質的なデータを中心に明らかにすることである．

結論を先取りする形になるかもしれないが，すでに子どもたちの「分断」は幼児期においてその傾向がみえはじめており，子どもたちには「集団」を前提とした指導がしにくい現状がある．その背景には，情報社会の進展による個人中心的なゲーム文化の蔓延や，少子化による「ごっこ遊び」や「かくれんぼ」などの集団遊びの衰退などがあるといわれる．そのように「共同体」としての集団が成り立ちにくいところに「主体的・対話的で深い学び」を小学校段階から導入することにより，より一層，集団になじめない子どもを生み出す恐れがある．後述するが，中学生や高校生の一部に浸透している，体調不良や風邪など以外の理由でマスクを常に着用している「マスク」の文化や，最近，多くの大学食堂でみられる，他者の目から隔離された席で食事がとれる「ぼっち席（ひとりぼっちでも座れる席の意）」などはまさに集団へのコミットを忌避する子ども，若者たちのサインとする指摘も少なくない．「集団で学ぶ」仕組みを構築し，それを声高に叫ぶほど，そこになじめない子どもの居場所がなくなり，劣等感は強まり，自尊感情は低下する．

そんな彼ら・彼女らは「学び」から逃走しているのだろうか．自学自習を得意とする「ぼっち」は新しい学習指導要領においてはあまり肯定されない．彼らの学習権をどのように保障するのか，課題は多い．

3　家庭をとりまく教育格差の問題

わが国において，教育費の私的負担が先進諸国のそれと比較して高いことは前述したとおりだが，より精緻な分析をした場合，地域によって教育費には大きなばらつきがあることがわかる．

図6-1は各都道府県別の在学者一人当たり教育費と合計特殊出生率との相関を回帰分析したものである．これをみると，東京や神奈川といった都市圏の教育費は高く，一方で沖縄や島根，大分といった過疎地域においては低いことがわかる．ここで重要なことは，そうした教育費の格差が合計特殊出生率，すな

第6章 日本における学習指導要領の改訂について考える　113

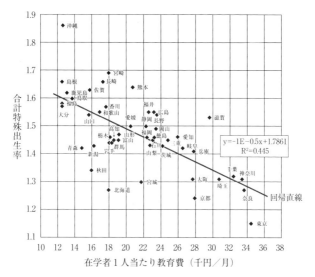

図 6-1　教育費の高さと合計特殊出生率の相関（2014 年）
出所）「社会実情データ図録」http://www2.ttcn.ne.jp/honkawa/1570.html（2017 年 9 月 14 日アクセス）

わち，その地域の一人の女性が一生に産む子どもの数と強い逆相関の関係にあることである．

　図 6-1 をみると，教育費の高い地域における合計特殊出生率は 1.1 ～ 1.3 であるが，そうでない地域においては 1.4 ～ 1.9 であり，わが国において子どもを産み育てやすい地域とそうでない地域が存在していることが考えられる．また，教育費の高い地域は首都圏だけではなく，奈良や京都，大阪といった近畿圏も該当し，昨今の近畿圏における私立小学校の相次ぐ創設とも無関係ではないだろう．そうした教育費の高い地域，すなわち子どもを産み育てにくい都心部においては，子どもはほぼ一人であるため，親の子どもに対する教育関心は他の地域よりも高くなり，結果として私立学校への関心の高さにつながる．

　図 6-2 は関東圏における「お受験」率を示したものである．とりわけ，東京や神奈川といった教育費の高い地域においては，20 世紀終わり頃から，私立学校に対する受験率は高く，それは現在も続いている．私立学校への受験率の

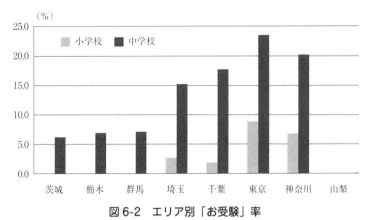

図 6-2 エリア別「お受験」率

出所）片岡栄美ほか（2008）『子どものしつけ・教育戦略の社会学的研究』平成 17 年度～平成 19 年度科学研究費補助金基盤研究（B）研究成果報告書，pp.60-61 より作成

高さは群を抜いており，小・中学校ともに私立学校を受験していない山梨と好対照の結果となっている．結果として，私立学校へ進学する子どもの多い地域の教育費は私立学校そのものの授業料やそこを受験するためにかかる塾などの習い事によって高騰し，それらがすべて教育費として反映されてしまう．ゆえに，「この地域はこれだけ子どもを育てるのにお金がかかるんだから，一人でいいだろう」と考える親が増えてしまい，子どもを産み育てにくい環境にますます拍車がかかる，といった悪循環が考えられるのである．

4 教育がもたらす「新たな」格差

2000 年頃を境に世間をにぎわす，いわゆる「勝ち組」と「負け組」の用語に代表される格差の問題は，教育の世界にも大きな影響を与えた．規制緩和による教育の市場化，能力別学級編成の進展などはその最たる例にあたる．苅谷剛彦ら（2002）は子どもたちの学力低下を分析するうちに，塾に通っているかどうかで学力低下に差がみられることを明らかにした．同様に，中学校数学の正答数を従属変数とした重回帰分析を行った結果，正答数にもっとも大きな影

表 6-1　中学校数学正答率の変化

	1989 年			2001 年		
	非標準化係数	標準誤差	標準化係数	非標準化係数	標準誤差	標準化係数
定数	44.436	2.004	***	42.326	2.616	***
男子	0.656	0.867	0.015	-1.619	1.309	-0.033
読み聞かせ	2.785	0.944	0.06 **	3.317	1.414	0.063 *
通塾	11.614	0.992	0.269 ***	16.619	1.638	0.338 ***
宿題	6.591	0.723	0.199 ***	6.295	0.921	0.194 ***
勉強時間	0.064	0.012	0.127 ***	0.007	0.019	0.011
全く勉強しない	-0.092	1.518	-0.002	-5.785	2.077	-0.101 *

従属変数：89 年数学スコア，N=2089，F=71.134，Signf=0.000，Adj R^2 = 0.168
従属変数：01 年数学スコア，N=1133，F=51.249，Signf=0.000，Adj R^2 = 0.210
(***p < 0.01., **p < 0.05, *p < 0.1)
出所）苅谷剛彦・志水宏吉（2004）『学力の社会学』岩波書店，p.147

響を与えるのは通塾であったことも明らかにしている（表6-1参照）．

このように，学力形成において塾に通っているかどうかということは，現代の子どもたちにとって必要不可欠な条件であることがうかがえる．塾通いをする子どものなかには，お受験のために塾に通う就学年齢に満たない子どももいることから，子どもたちにとって，塾に通うことが「特別なこと」であるという意識は少ないことが予想できる．

教育の世界で格差が広がってきた影響は，子どもたちにメンタリティの変化をもたらしているのではないだろうか．ウィリスは，労働者階級の子弟である「野郎ども（lad's）」が精神労働よりも肉体労働を志向し，伝統的な「男らし

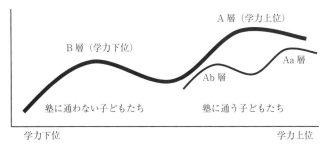

図 6-3　現代の子どもたちの学力分布における二極化傾向のモデル

出所）原清治・山崎瞳（2006）「学力問題からみた塾とその機能に関する研究」『佛教大学教育学部学会紀要第 5 号』p.16

さ」という価値観を重視する一方で，その価値観になじまない，机にかじりつく「耳穴っ子（ear'oles）」を「女々しい」と軽蔑・敵視し，自分たちの仲間を「俺たち（we）」，「耳穴っ子」を「奴ら（they）」と呼び，帰属意識の違いを明らかにした．

　筆者の研究グループでは，塾に通う子どもたちのなかに「進学エリート」とよばれる学力上位の上位層と，「偽装エリート」とよばれる学力上位の下位層ができており，「偽装エリート」は塾に通わない子どもたちと区別されるために塾に通うことを明らかにし（図6-3参照），そこには，ウィリスが指摘する俺たちと「奴ら」といった意識の住み分けが，塾に通う子どものなかにみられることを明らかにした．本章では，「塾に通っている子どもたちの内部や塾に通っていない子どもの内部においても，『we』と『they』の指す対象に違いがみられるのではないか」を仮説とし，子どもたちのメンタリティに注目して通塾による帰属集団の意識の違いを明らかにし，子どもたちが帰属集団を規定するプロセスを詳細にみていくことで，社会的排除の構造を明らかにしていきたい．

　それでは，塾に通う子どもと塾に通わない子どもにはどのような帰属集団の意識がみられるのだろうか．ここでは2006年に佛教大学の研究グループが実施した「進学塾における学力と友人関係に関する質的調査研究」[8]におけるインタビュー調査の内容を中心にその構造の一端を明らかにしてみたい．調査の概要は以下のとおりである．

【調査期間】2006年4月〜7月
【調査対象】塾に通う中学生42名と塾に通わない中学生39名
【調査方法】個別による面接法

表 6-2　サンプルの属性

	通　塾	非通塾
男　子	23	17
女　子	19	21

第6章 日本における学習指導要領の改訂について考える 117

　それでは，インタビュー調査の結果から，子どもたちの帰属集団の受け取り方を明らかにしていきたい．先行研究では，塾に通う子どもたちのなかには「進学エリート」と呼ばれる子どもと「偽装エリート」と呼ばれる子どもが存在することが明らかになった[9]．両者を分けるのは学力や学習意欲の高さであり，進学エリートは学力や学習意欲が高く，反対に偽装エリートは彼らよりも学力や学習意欲が劣る．今回の調査では，同一の塾に通う中学2年生のうち，学力最上位クラスの「特進クラス」に通う子どもたちと学力最下位クラスの「標準クラス」に通う子どもたちを対象にインタビューを実施した．ここでは，特進クラスを「進学エリート」，標準クラスを「偽装エリート」として，両者がお互いをどのように考えているか，考察していきたい．

Q：あなたはBクラス（標準クラス）に通っている子どもたちをどう思いますか．
A：同じ塾に通ってるけど，なんであんなにできへんのかわからへん．たまに同じ授業を受けたりすることがあるけど，先生の教え方が悪いとかそんなこともないのに<u>なんでそんなに点が取れへんのやろう，要領悪いなあ</u>①，と思う．
B：たまに近所のおばちゃんとかから，「あの○○くん（標準クラスの生徒）はあんたと同じ塾やのにえらい出来がちゃうわー」とか言われることがあって「<u>うちとアイツ</u>②はクラスがちゃうんやから<u>一緒にせんといてーな，むかつく</u>③」って思った．近所の人らはうちの塾ってだけでひとくくりや．中は全然レベルがちゃうのに，もっとちゃんとみてほしいわ．

　下線部①のように，進学エリートの子どもが偽装エリートに対する意識は，同じ塾に通う子どもであるにもかかわらず，自分たちとは違うといった意識がうかがえる．同様の意見はたとえ学校が同じであっても，自分たちの仲間グループではなく，あまり彼らとは関わらないといった態度からもみて取れる．そ

して，下線部③のように，はっきりと偽装エリートの子どもたちと一緒にされることは迷惑だ，という態度を表す子どもは少なくなかった．それは，下線部②の「うちとアイツ」という言葉に表れているように，自分と偽装エリートの子どもたちは違うことを示したいのだと考えられる．

　進学エリートの子どもたちは，偽装エリートの子どもたちと一緒に授業を受けることで，自分たちの授業に支障をきたし，学習予定の範囲が狂わされることを極端に嫌う．したがって，学力や進学意識が低い偽装エリートの子どもたちに対して，進学エリートの子どもたちは「一緒にされたくない，迷惑だ」といった意識をもっていることが明らかになった．進学エリートの子どもたちは，自分たちと同じ進学エリートの子どもを「we」，偽装エリートの子どもたちを「they」と考えているのである．ウィリスは労働者階級の子弟が「俺たち」であり，裕福層を「奴ら」と解釈したが，ここでは塾の子どもたちという裕福層のなかにも，「俺たち」と「奴ら」という峻別がおこっていることがわかる．それでは，偽装エリートの子どもたちからみて，進学エリートの子どもたちはどのようにみえるのだろうか．

　Ｑ：あなたはＡクラス（特進クラス）に通っている子どもたちをどう思いますか．
　Ｃ：俺はあいつら④みたいにめっちゃ勉強できるわけじゃないから．とりあえず今のレベルから落ちへんようにするだけで精一杯や．学校の授業以上の勉強なんかしたくもない．何考えてんのかわからん．
　Ｄ：うちらはあの子らみたい⑤に勉強できへんもん．1回聞いただけで覚えられるわけない．親には「同じ塾行ってるんやから○○ちゃん（特進クラス）みたいにがんばれ」とか言われるけど，頭の作りがちゃう⑥んやから，ムチャ言わんといてほしいわ．

　偽装エリートの子どもたちのインタビューは以上の意見に大別される．ひと

つは下線部④ や⑤ のように自分たちと進学エリートを「俺とあいつ」,「うちとあの子」のように「we」と「they」に分けていることである．これは進学エリートが偽装エリートを「we」と「they」で区別しているところと同じであり，社会的には学力上位に位置する通塾生であっても，学力や学習意欲の高さで「俺たち」と「やつら」といった意識をもっていることがわかった．その上で，進学エリートと自分たちとを区別するキーワードとして，子どもたちの口から発せられるのは，下線部⑥ の「頭の出来が違う」という言葉である．1980 年代中頃から推進された「ゆとり教育」に代表される教育改革の目的は「誰でも一生懸命がんばれば 100 点をとることができる」ことであった．そのために学習内容は 3 割削減され，それまでの教育水準を下げることになっても，すべての子どもたちに勉強ができるおもしろさや楽しさを実感させることをねらいとしていた．しかし，偽装エリートの子どもたちが発する「頭の出来が違う」という言葉は「誰でも一生懸命がんばれば 100 点が取れる」ことが不可能であることを示唆している．塾に通う子どもたちでさえも，勉強のできる・できないは個人の努力だけではどうにもならないことがあることをわかっているのだ．

　次に，塾に通っていない子どもたちを対象にインタビューを試みた．ここでは，塾に通わない中学 2・3 年生のうち，主要五教科の定期テストの平均点数が 100 点以上の子どもたちと，100 点未満の子どもたちの 2 グループに分類した．ここでは，前者を「標準学力層」，後者を「学力未定着層」とし，彼らがお互いにどのように考えているのかを分析していく．

Q：あなたは学力未定着層の子どもたちをどう思いますか．

E：あいつらがおるおかげで，俺の頭の悪さが目立たへんから助かる⑦．だって，あいつら数学とか 1 ケタやし．あっこまで頭悪かったら大変やろうな，とは思うけど．

F：あいつらはやばい．ほんまに小学校くらいの漢字とか計算があやしいも

ん．たまに授業中に質問されたりするけど，びっくりする．そりゃテストは1ケタしかとれへんわなって思った．（少し間をおいて）けどあいつらみてると「俺はまだましやな」って安心してる⑧自分もいる．

　インタビューでは，塾に通わない子どもたちであっても，標準学力層は，学力未定着層を「あいつら」と区別していることがわかる．これは標準学力層が学力未定着層より学力や学習意欲が高いため，同じ非通塾の状態であっても，「俺たち」と「奴ら」といった違いがあると考えられる．したがって，塾に通っているかどうかだけではなく，塾に通っていない低学力の子どもたちのなかにも同様の違いを認めることができる．なぜなら，非通塾の子どもたちは「塾に通っていない」点では共通しており，帰属集団としては同一であるにもかかわらず，学力や学習意欲の違いによって，意識に差がみられるからである．また，下線部⑧より，標準学力層は学力未定着層を「あいつら以上に点数が下がれば，勉強しないといけない基準」とみなしていると考えられる．学力未定着層の子どもは定期テストでも1ケタであることが普通であり，学習意欲は皆無に等しく，ほとんど学習内容が定着していない，「『学び』から逃走した」[10]子どもたちである．彼らをみて，標準学力層は「テストで1ケタとってしまうくらいアホになったら勉強しよう」といった目で，学力未定着層をとらえている．そこには，同じ塾に通わない仲間という意識をみつけることは非常にむずかしく，学力の違いによって，「俺たち」と「あいつら」という境界が子どもたちのなかに存在してしまっているのである．

　それでは，学力の視点からみたときに，もっとも下位にあたる学力未定着層は自分たちと同じ非通塾である標準学力層をどのようにとらえているのだろうか．

Q：あなたは標準学力層の子どもたちをどう思いますか．

K：あいつらめっちゃ勉強できるやん．おれらと違ってテストで2ケタ取れ

てるし．おれ絶対無理やし．おれらとは頭のつくりがちゃう⑨から，え
えなあ，って思うで．俺ももっと勉強できたらええんやけどなあ．でも
おれらアホやから，無理やなあ⑩．

L：そりゃ，あいつらはええよ．塾いかんでもそれなりの点とれてるしな．
けど，べつにああなりたいとも思わへん⑪．今のまんまでもええかって
この頃はあきらめ入ってる⑫な．

　やはり学力未定着層であっても，標準学力層は「あいつら」であり，「俺た
ち」とは違うといった意見が多く聞かれた．とくに，下線部⑨のように，学
力未定着層が標準学力層を「頭のつくりが違う」というのは，通塾生でも偽装
エリート層が進学エリート層との違いをいうときにも使われており，学力の高
低差を合理化するときに使われる向きが強い．しかし，下線部⑪のように，学
力未定着層は標準学力層のようになりたいとは思っていない子どもが少なくな
い．その理由をあげるときに，下線部⑩や⑫のような「どうせ自分には無理や」
「おれたちにはできへんねん」「そんなことどうでもいい」といった「世捨て人」
のような自己否定的な価値意識がみられることがわかった．

　したがって，仮説の２つめである「塾に通っていない子どもたちのなかにも
『we』と『they』の指す対象に違いがみられるのではないか」は実証されたと
いえる．なぜなら，塾に通っていない標準学力層と学力未定着層では「俺たち」
と「あいつら」といった区別がはっきりしており，学力の違いによって，帰属
意識の対象を分けているからである．

　こうした通塾の有無によらず，子どもたちが自らの帰属意識の範疇と考える
のは，自分と同じ学力や価値観をもった子どもである．同質性の高い帰属集団
を構築する子どもの背後に，親たち自身の同質性志向が見え隠れする．片岡は
「お受験」によって同じ学校環境と同じ家庭的背景出身者による同質性の高い
集団が形成され，子どもたちが育つ環境が階層閉鎖的で社会排除的となってい
ることを指摘している[11]．インタビュー調査では片岡の指摘するように，自

分と学力の異なる集団を「あいつら」ととらえる子どもからも，そうした姿を
とらえることができる．

　また，耳塚寛明（2007）は，イギリスの社会学者フィリップ・ブラウンが提
唱した「ペアレントクラシー」（parentcracy）の理論を紹介し，選抜はこれまで
のような「能力＋努力＝業績」というメリトクラティカルな方程式ではなく，
むしろ「（親の）富＋（親の）願望＝選択」というペアレントクラティカルな方
程式によって行われており，「選抜は本人の業績にもとづくのではなく，富を
背景とした親の願望がかたちづくる選択次第」となることを指摘している[12]．
子どもたちの「選択」に親の富や願望が影響を与えるのであれば，子どもたち
がどのような場面で「選択」を迫られたとしても，絶えず親の影響を受けるこ
とが考えられる．とりわけ，あらゆる場面で「格差」の実情が指摘され，「一億
総中流」が過去の産物となってしまったわが国において，親が子に与える影響
は甚大であるといわざるをえない．就学年齢に満たないわが子を塾に通わせ
「お受験」のためにあらゆるサポートを惜しまない親がいる一方で，子どもに
興味関心を持たず，養育そのものを放棄し，夜遅くまで子どもを連れまわす親
もいる．彼ら彼女らが成長し，教育から職業に移行するときに，選択の幅が異
なることは自明であろう．ゆえに，わが子の「お受験」に際して親から受ける
影響は増大の一途をたどることに異を唱える者はいないだろう．しかし，それ
は学力といった表象的な問題にとどまらず，人間関係といった内面的な問題に
まで波及するのである．片岡栄美（2008）は，お受験に参加する親の人間関係が，
子どもの人間関係を強く規定していること，同質性の高い親の集団の価値観が，
子どもに投影されていることを指摘している[13]．お受験を学力向上のためだ
けではなく，自分と似た価値観をもつ集団にわが子を所属させたいと考える保
護者も少なくないのである．

　確かに，「お受験」による学力獲得は，教育に直接投資することによって獲
得される学力との間には相関関係がみられる．その面において「お受験」は確
かに一定評価される側面を持つ．しかし，それは背景に，教育投資をする（で

きる）親とそうでない親との格差を伴いながら進行しているという実態にも留意が必要である．

5　子どもたちの「息苦しさ」について考える

　このような格差は単純に学力だけにとどまるものではない．たとえば，志水宏吉（2014）は1964年と2007年の学力調査を比較し，学力に影響を与える要素として「離婚率」，「持ち家率」，「不登校率」の3つが学力との強い相関がみられたことを指摘した．1964年ではほとんど影響の見られないこの3つについて，志水はそれぞれ家庭，地域，学校との「つながり」の豊かさを示す指標であり，これらの「つながり」の格差が学力に結び付いていると論じた[14]．すでに学力は子どもをとりまく家庭や地域，学校とのつながりの強さによってある程度規定されているのである．一方で志水は家庭での経済的な資本が不足していたとしても，家庭や地域，学校との「つながり」が強い地域であれば，学力の下支えが可能であるとも指摘している．

　前述した片岡論と志水論を踏まえて考えられるのは，親がもつ「お受験」への価値観を見出す世帯とそうではない世帯が，地域や学校，家庭での「つながり格差」を経由して学力に大きな差をもたらすという推測である．幼児期において同質性の高い集団が形成されており，たとえ同年齢の子どもであっても，「みんな同じ」という意識が持ちにくい．保護者と子どもの価値観に同質性が高いのであれば，子どもの友人関係も必然的に同質性が高くなる．その状態で小学校に入学し，集団での学びを前提とした「主体的・対話的で深い学び」が撃ち込まれるのである．志水が指摘するように，一部には学校によっては強いつながりを形成し，子ども同士でつながりを深める活動を行い，家庭環境の不利を克服できる子どもがいるかもしれない．しかし，大部分の子どもは同質性の高い集団でなじむことができず，「主体的・対話的で深い学び」ができない子どもがいるだろう．こうしたなかで，地域や家庭でのつながりも持てず，つ

ながりから孤立する子どもが生まれる．彼らは学力や人間関係を構築するための「つながり」から距離を置き，集団での生きづらさを感じることになる．このような姿はすでに中学生や高校生，大学生においても認めることができる．たとえば，中学生や高校生であれば，マスクを四六時中つけている生徒がそれである．彼ら彼女らは体調不良や風邪を引いているからマスクをしているのではない．暑い夏であっても決してマスクを取ることはない．それは，マスクをつけることによって煩わしい人間関係や学校生活をやり過ごすためである．結果として，授業中に指名されたり，何か意見を言わなければならないとき，マスクをつけていれば指名される機会は少なくなる．また，昨今の大学の学生食堂を覗いてみると，多くの食堂にカウンター席が増えていること，向かい合って座る机の中央に衝立が設けられ，向かい合って座っても相手が何を食べているのか，どんな表情をしているのか，わからないように配慮された座席が増えていることに気付く．これは「ぼっち席」と呼ばれる．つまり，若者言葉でしめすところのひとりぼっち，すなわち「ぼっち」でいても，人の目線を気にせずに食事ができる席である．ぼっち席に座る学生にその席を選択した理由を尋ねると，高い確率で「人の目を気にせずにゆっくり食べられる」「食事の時くらい一人の時間が欲しい」とのことであった．

　マスクをつける中高生であっても，ぼっち席を選択する大学生も，その根本にあるのは，人とかかわることへの「生きづらさ」からの逃避とは考えられないだろうか．すでに一部の若者が「つながり」に対して忌避する姿勢を見せているにもかかわらず，「主体的・対話的で深い学び」を学習指導要領に打ち込むことは，この流れを加速させ，ますます「つながり」を避ける子どもを生み出す恐れが強い．

　果たして，こうした実態を背景とした「お受験」狂騒曲は，日本の子どもたちの将来に何をもたらすのであろうか．一方で，学力による同質性を高め，人間関係がますます小さくなるという実態について，当事者である子どもたちだけにその責めを負わせることには，いささかの疑問が残る．

【付記】本章は，原清治「『お受験』への直接投資によって獲得される学力と分断される仲間意識」『都市問題』101 巻 2 号 (2010 年) pp.56-64 をもとに大幅に加筆修正したものである.

注)
1)　OECD「図表で見る教育 2009　日本に関するサマリー」
　http://www.oecdtokyo2.org/pdf/theme_pdf/education/20090908eag_japan.pdf
　（2009 年 12 月 30 日アクセス）
2)　片岡栄美ほか (2008)『子どものしつけ・教育戦略の社会学的研究―階層性・公共性・プライヴァタイゼーション』平成 17 年度〜平成 19 年度科学研究費補助金基盤研究 (B) 研究成果報告書，p.1
3)　矢野眞和 (2008)「人口・労働・学歴―大学は，決して過剰ではない」『教育社会学研究第 82 集』pp.109-123
4)　片岡は階層閉鎖を，パーキン (1974) やマーフィー (1988 = 1989) のいう社会的閉鎖 (social closure) の一形態としてとらえ，身分集団に関する議論とも関連し，社会的な尊敬や名誉を効果的に要求する身分集団の利害行動であり，そこに利害のダイナミズムが作用しており，教育など，資格を持つ人による独占と資格を持たない人々に対する排除のシステムが発展することになるとされている．(片岡栄美 (2008)『子どものしつけ・教育戦略の社会学的研究―階層性・公共性・プライヴァタイゼーション』平成 17 年度〜平成 19 年度科学研究費補助金基盤研究 (B) 研究成果報告書，pp.68-69)
5)　苅谷剛彦『階層化日本と教育危機―不平等再生産から意欲格差社会へ』有信堂
6)　Willis, Paul (1977) *Learning to Labor: How Working Class Kids Gets Working Class Jobs*, Gower Publishing Co, London.（熊沢誠・山田潤訳『ハマータウンの野郎ども―学校への反抗，労働への順応』筑摩書房，1985，pp.240-254）
7)　原清治・山崎瞳 (2006)「学力問題からみた塾とその機能に関する研究」『佛教大学教育学部学会紀要第 5 号』pp.7-18
8)　本調査は 2006 年 4 月から 7 月にかけて近畿圏のある地方都市にある中学校 2・3 年生を対象とし，そこから通塾生と非通塾生を分け，そこから同一の塾に通う子どもを取り上げ，通塾生のサンプルとして用いている．本調査の詳細な結果は原清治「学力問題からみる社会的排除の構造」『佛教大学教育学部論集第 18 号』に詳しい.
9)　原・山崎，前掲書，pp.12-16
10)　佐藤学 (2000)『「学び」から逃走する子どもたち』岩波ブックレット
11)　片岡，前掲書，p.78
12)　耳塚寛明 (2007)「学力格差と『ペアレントクラシー』の問題―教育資源の重点配分と『底上げ指導』を」『BERD No.8』ベネッセ教育研究開発センター，p.2
13)　片岡，前掲書，p.82
14)　志水宏吉 (2014)『「つながり格差」が学力格差を生む』亜紀書房，pp.122-126

> 第7章
>
> # 大学への進学移動パターンの変化について考える
> ## —神戸大学を事例として—

1 はじめに

　本章の目的は近畿圏を中心にして今後の大学への進学人口がどのように移り変わっていくと予測されるのか，また，事例として神戸大学がその状況の変化にどう対応していくべきかを検討するうえで基礎的な統計を整理し，吟味することである．

　まず，この問題の背景について概観しておく．平成に元号が変わった1989年7月に喜多村和之による編集で『学校淘汰の研究—大学「不死」幻想の終焉—』（東信堂）が刊行される．現在ではむしろ意外な感じを持たれるかもしれないが，当時のバブルの絶頂期においては大学や銀行が倒産するなど想定することができない状況であった．その状況下で，小中学校等も含めてはいるが，大学を中心に分析した同書はまさに，この研究分野の嚆矢である．もちろん，当時においても，1993年度から18歳人口が減少することは予測されていた（表7-2）．しかし，ごく一部の高等教育研究者を除いて差し迫った危機感など持ってはいなかった．喜多村が指摘する通り，「われわれの調べた限りでは，少なくとも日本においては小学校や中学校などの学校統廃合に関する研究の成果は発表されているが，大学・短大などの高等教育レベルでは先行研究がほとんど見出せなかった」のである．

第7章　大学への進学移動パターンの変化について考える　127

　筆者自身も，この研究に刺激されてシミュレーション予測を行ったことがある．日本教育学会の紀要である『教育学研究』第57巻第2号に掲載された「2000年における4年制大学進学者数の都道府県別・ブロック別予測」がそれである．このシミュレーション予測の結果では，国公私立大学すべてが当時の臨時増定・員を返却して，しかも進学率が3%ほど上昇すれば1988年と同様の安定した経営状況を保てると予測した．

　しかし，このシミュレーション予測はほとんど外れてしまった．なぜならシミュレーション予測の前提として，18歳人口の激減が近い将来に確実であるのに，大学・学部の新設・拡張が相次ぐというのは想定外であったからだ．

　後に文部大臣を務めることになる永井道雄には，1965年，東京工業大学教授の時に『日本の大学―産業社会にはたす役割―』（中公新書）という名著がある．その冒頭で永井は次のように述べている．

　　日本の大学で働くものの一人として，ここ数年間，私の頭を去らないのは，大学の現状はこれでよいのかということである．教育の内容も充実していないし，大学や学生の数が多いわりには，世界的な研究の成果に乏しい．そのほか，人事の面での学閥主義，研究教育計画の不足など，眼につく欠点はあまりにも多いのである．（同書 i 頁）

これを受けて喜多村も1990年に刊行した『大学淘汰の時代―消費社会の高等教育―』（中公新書）において次のように書いている．

　　永井道雄氏が『日本の大学』（中公新書）で冒頭からこう書き出したのは，すでに今から二〇年余りも前の昭和四〇年であった．同じく日本の大学で働く者の一人として，不幸にして私も，今なお二〇余年前の永井氏とまったく同じ感懐を抱かざるをえないでいる者の一人である．とりわけ外国の大学と比べるとき，日本の大学が，特に教育の面で著しく立ち遅れている実態に，

歯噛みするような悔しさを抱かずにはおれないのである．私は一九七二年に広島大学に日本で初めてできた大学研究の小さな研究所に赴任して以来，自分なりに研究と教育を通じて日本の大学教育のみなおしを一貫して訴え続けてきたつもりだが，その一八年にわたる孤独な運動も日本の大学人の関心をかきたてることができなかった．

今の時点で振り返るならば，間違いなく永井，喜多村の指摘は的を得ていたのであり，永井は二周，喜多村は一周先を走っていて，ようやく両教授に時代が追いついたのである．しかし，時代が追いついた現在，残念なことに両教授は鬼籍に入られている．

永井，喜多村とも日本の大学のあり方に対して強い危機感を持っていた．そしてその危機感が特に強くあらわれたのが教育の領域である．しかし，日本の大学が教育改革に本腰を入れて取り組むようになったのは，1990 年代半ばになってからである．それは長期にわたる少子化の傾向が誰の目にも明らかになり，現に定員割れから経営難に陥る大学も少なくなかった．この「どうしようもない状況」の到来によって，ようやくお尻に火がついたというのが真相であろう．

本章では，いかなる機関に勤務する高等教育関係者にとっても永井，喜多村の指摘を看過できなくなった現状にかんがみ，あらためて 18 歳人口のブロック別予測をし，事例として神戸大学への影響，取るべき対策を論じたい．

2　18 歳人口動態の予測

ここで 12 年後までの 18 歳人口動態の予測をしておこう．表 7-1 はブロックの設定を表している．かつてシミュレーションを行った大学設置審議会では新計画期間（1986 ～ 1992）では 13 ブロックと設定されていたが，本章では 10 ブロックとする．

第7章　大学への進学移動パターンの変化について考える　129

表7-1　ブロックの設定

北海道	北海道								
東 北	青 森	岩 手	宮 城	山 形	秋 田	福 島			
関 東	茨 城	栃 木	群 馬	埼 玉	千 葉	東 京	神奈川		
甲信越	新 潟	山 梨	長 野						
北 陸	富 山	石 川	福 井						
東 海	岐 阜	静 岡	愛 知	三 重					
近 畿	滋 賀	京 都	大 阪	兵 庫	奈 良	和歌山			
中 国	鳥 取	島 根	岡 山	広 島	山 口				
四 国	徳 島	香 川	愛 媛	高 知					
九 州	福 岡	佐 賀	長 崎	熊 本	大 分	宮 崎	鹿児島	沖 縄	

　すなわち，新計画期間においては東北，関東，九州が北と南に分けられているのだが，本章では，神戸大学を事例とし，近畿を中心とする18歳人口の動態を検討するのが主たる目的であるため，これらの地域を北と南に分けずに扱うこととする．

　さて，この10ブロック別に18歳人口の動態を検討したのが表7-2である．基礎としたのは12年前の小学校入学者数である．実数を表記すると煩わしいため，1970年度の小学校入学者数（つまり，1982年度の18歳人口）を100とした（偶然ではあるが，筆者自身の学年に相当する）．最新のデータは2014年の小学校入学者数（つまり，2026年度の18歳人口）である．ちなみに網掛けしてある1954年度小学校入学者層が第1次ベビーブームの頂点，1980年度小学校入学者層が第2次ベビーブームの頂点である．2003年に網掛けがしてあるのは，この年の小学校入学者層が現在の20～21歳人口であるからである．なお，1967年度以前のデータの九州ブロックには沖縄県は含まれない．

　もっとも人口の減り方が激しいのが北海道ブロックと東北ブロックである．ついで甲信越ブロック，四国ブロックも減少が大きい．それに対して，もっとも緩やかな減少傾向であるのが，関東ブロック，東海ブロック，近畿ブロックの大都市圏である．

　表7-3は近畿ブロックの2府4県別に検討したものである．この表から明らかになることは，同じ近畿ブロック内でも2府4県それぞれで18歳人口の増

130

表7-2　ブロック別小学校入学者数の推移（12年後の18歳人口，1970年＝100）

年　度	12年後	北海道	東　北	関　東	甲信越	北　陸	東　海	近　畿	中　国	四　国	九　州	合　計
1952	1964	105	105	71	115	101	82	70	115	125	98	88
1954	1966	156	184	128	194	205	145	130	196	223	173	155
1955	1967	164	180	116	186	194	140	128	189	218	181	151
1958	1970	144	157	94	149	134	105	93	143	161	152	120
1961	1973	119	137	84	128	15	90	81	117	129	126	103
1964	1976	101	118	81	109	101	88	79	106	110	105	93
1967	1979	100	108	88	103	101	93	88	101	102	97	94
1970	1982	100	100	100	100	100	100	100	100	100	100	100
1973	1985	89	86	103	92	91	94	98	94	85	89	95
1976	1988	101	97	128	104	111	119	123	114	105	101	115
1979	1991	108	102	140	110	125	130	132	127	116	108	125
1980	1992	108	104	139	112	126	130	131	128	117	110	125
1982	1994	101	99	123	106	116	117	116	118	109	104	114
1985	1997	92	94	109	98	102	104	102	105	99	98	102
1988	2000	80	86	99	86	89	93	89	93	89	91	92
1991	2003	77	84	95	85	87	92	87	91	85	88	89
1994	2006	69	74	86	78	78	85	79	82	76	79	81
1997	2009	62	67	79	72	72	77	73	74	68	71	74
2000	2012	58	64	80	70	70	77	72	72	65	69	73
2003	2015	56	62	82	69	72	78	74	72	65	68	73
2006	2018	53	59	82	66	70	79	74	69	63	65	72
2009	2021	51	55	81	62	67	76	71	67	60	63	70
2012	2024	47	49	76	57	62	71	65	63	55	60	65
2014	2026	47	49	79	57	63	73	67	64	55	63	66

出所）文部科学省（文部省）『学校基本調査報告書』各年度版より作成

　減の様相が全く異なることである．滋賀県では1997年度の小学校入学者層から現在までのほとんど人口が増減していない．奈良県も滋賀県ほどではないにせよ，減少の仕方が緩慢である．それに対し，和歌山県は1980年小学校入学者層から減少の一途である．京都府，大阪府，兵庫県は両者の間に位置する．

　さて，これらの18歳人口の動態をもとに，神戸大学合格者数（入学者数ではない）の多い高校の変遷を見てみよう．表7-4は1952年度，1976年度，1996年度，2015年度の4時点を取って比較したものである．1952年度は『蛍雪時代』それ以降は『サンデー毎日』各年，各号のデータによるものである．新制神戸大学の発足が1949年度であるから，1952年度といえばまだ新制の卒業生を送

第7章　大学への進学移動パターンの変化について考える　　131

表7-3　近畿2府4県の小学校入学者数の推移（12年後の18歳人口，1970年=100）

年　度	12年後	滋　賀	京　都	大　阪	兵　庫	奈　良	和歌山	合　計
1952	1964	91	88	55	79	72	89	70
1954	1966	167	165	102	140	149	178	130
1955	1967	170	161	100	141	145	165	128
1958	1970	125	105	75	102	111	124	93
1961	1973	107	87	67	88	93	103	81
1964	1976	95	83	71	86	84	94	79
1967	1979	97	89	84	90	88	96	88
1970	1982	100	100	100	100	100	100	100
1973	1985	93	98	101	97	102	87	98
1976	1988	121	124	125	119	137	108	123
1979	1991	145	138	131	129	157	113	132
1980	1992	147	136	128	130	161	114	131
1982	1994	141	122	111	116	148	101	116
1985	1997	132	109	93	107	135	90	102
1988	2000	119	93	82	91	120	78	89
1991	2003	123	90	78	90	119	78	87
1994	2006	114	79	70	82	109	74	79
1997	2009	106	73	66	75	103	68	73
2000	2012	102	71	65	73	100	63	72
2003	2015	106	75	69	76	99	63	74
2006	2018	107	74	69	76	96	60	74
2009	2021	107	71	65	73	91	55	71
2012	2024	99	68	59	67	84	49	65
2014	2026	102	68	61	69	86	49	67

出所）文部科学省（文部省）『学校基本調査報告書』各年度版より作成

り出していない，旧制から新制への移行期である．この時期，神戸大学は文理
学部，教育学部，法学部，経済学部，経営学部，工学部の6学部から成り立っ
ていた．1976年度までには，文理学部が文学部と理学部に分かれ，さらに県
立大学より移管された医学部と農学部が加わって9学部となる．さらに1996
年度までには旧教養部が解消されて国際文化学部になり，他方，教育学部が発
達科学部に改組される．また医療技術短期大学部が医学部保健学科に改組され
ている．さらに2015年度までには神戸商船大学と統合され，海事科学部が新
設されている．その結果，合格者数も1,312名（1952年度），2,048名（1976年度），
2,641名（1996年度），2,773名（2015年度）と着実に増加している．

表 7-4　神戸大学合格者数の多い高校の変遷（1952 ～ 2015 年度，ベスト 20）

順位	1952 年度 高校名	合格者数
1	神戸高（兵庫）	54
2	兵庫高（兵庫）	47
3	◎灘高（兵庫）	31
4	龍野高（兵庫）	30
5	加古川東高（兵庫）	29
6	芦屋高（兵庫）	27
7	星陵高（兵庫）	26
8	北野高（大阪）	25
9	姫路西高（兵庫）	22
10	須磨高（兵庫）	21
10	柏原高（兵庫）	21
12	夢野台高（兵庫）	20
13	長田高（兵庫）	19
13	明石高（兵庫）	19
15	春日丘高（大阪）	18
16	高津高（大阪）	17
17	生野高（大阪）	15
17	姫路東高（兵庫）	15
17	篠山高（兵庫）	15
20	三木高（兵庫）	14
20	三島野高（大阪）	14

合格者数：1,312 名

順位	1976 年度 高校名	合格者数
1	神戸高（兵庫）	90
2	姫路西高（兵庫）	79
3	長田高（兵庫）	77
4	加古川東高（兵庫）	57
5	兵庫高（兵庫）	52
6	茨木高（大阪）	51
7	天王寺高（大阪）	49
8	豊中高（大阪）	48
9	四条畷高（大阪）	37
10	北野高（大阪）	35
11	龍野高（兵庫）	33
12	住吉高（大阪）	31
13	奈良高（奈良）	30
14	大手前高（大阪）	28
15	明石高（兵庫）	27
15	三国丘高（大阪）	27
17	高津高（大阪）	26
17	◎六甲高（兵庫）	26
19	御影高（兵庫）	25
20	芦屋高（兵庫）	24
20	△大阪教育大附属高（大阪）	24

合格者数：2,048 名

順位	1996 年度 高校名	合格者数
1	長田高（兵庫）	70
2	北野高（大阪）	65
3	茨木高（大阪）	53
4	四条畷高（大阪）	47
5	加古川東高（兵庫）	44
6	奈良高（奈良）	43
7	天王寺高（大阪）	41
7	兵庫高（兵庫）	41
9	三国丘高（大阪）	39
10	大手前高（大阪）	38
10	生野高（大阪）	38
10	姫路西高（兵庫）	38
13	◎洛南高（京都）	37
14	高津高（大阪）	34
14	神戸高（兵庫）	34
16	豊中高（大阪）	33
16	畝傍高（奈良）	33
18	小野高（兵庫）	30
19	岸和田高（大阪）	28
19	高松高（香川）	28

合格者数：2,641 名

順位	2015 年度 高校名	合格者数
1	神戸高（兵庫）	61
2	茨木高（大阪）	53
3	長田高（兵庫）	46
3	奈良高（奈良）	46
5	大手前高（大阪）	37
5	兵庫高（兵庫）	37
7	◎大阪桐蔭高（大阪）	36
7	天王寺高（（大阪）	36
9	西京高（京都）	34
9	姫路西高（兵庫）	34
11	四条畷高（大阪）	33
11	三国丘高（大阪）	33
13	北野高（大阪）	30
14	膳所高（滋賀）	29
14	高津高（大阪）	29
16	◎西大和学園高（奈良）	27
17	豊中高（大阪）	26
18	加古川東高（兵庫）	24
19	堀川高（京都）	23
20	畝傍高（奈良）	22

合格者数：2,773 名

出所）1952 年度は『蛍雪時代』1952 年 5 月号，1996 年度以降は『サンデー毎日』各年各号より算出

第7章　大学への進学移動パターンの変化について考える　133

　ところで1952年度の合格者数上位21高校のうち灘高を除く20校が公立高校である（第20位の三島野高校は現在の大阪府立茨木高である）．そのうち，兵庫県立が15校，大阪府立が5校である．1976年度になっても大まかな傾向は変わらず，合格者数上位21校中，19校が公立校で，他には私立の六甲高と国立の大阪教育大学附属高がランクインしているに過ぎない．公立19校のうち，9校が兵庫県立，大阪府立も9校，他には奈良高校のみである．

　1996年度においても基本的な傾向には変化はない．合格者数上位20校中，私立の洛南高校を除く19校が公立校である．兵庫県立が7校，大阪府立が9校，奈良県立が2校，他に香川県立高松高校がランクインしている．2015年度になってもやはり合格者数上位校20校のうち18校が公立校である．兵庫県立5校，大阪府立8校，奈良県立2校，他には滋賀県立膳所高校，京都市立西京高校，堀川高校である．私立は西大和学園高校と大阪桐蔭高校の2校に過ぎない．以上，4時点とも合格者数の多い高校においては兵庫県立高校，大阪府立高校が多数を占める傾向がはっきりとみられるわけである．

　ここまでは，合格者数の多い上位校の中での校数を検討してきたが，合格者全体の中で私立高出身者の比率を示すのが表7-5である．

表7-5　各大学合格者に占める私立学校出身者の比率

(%)

年　　度		1996	2015
東京大学	全合格者	54.3	59.0
	理科Ⅲ類	72.7	81.2
名古屋大学	全合格者	15.0	19.5
	医学部医学科	51.5	62.7
京都大学	全合格者	42.2	42.3
	医学部医学科	74.8	82.7
大阪大学	全合格者	29.7	30.6
	医学部医学科	67.4	79.2
神戸大学	全合格者	25.5	30.4
	医学部医学科	50.0	66.3
広島大学	全合格者	19.3	24.1
	医学部医学科	?	67.5

出所）毎日新聞社（1996）『1996年度版大学入試全記録（サンデー毎日臨時増刊）』および同（2015）『2015年度版「高校の実力」（サンデー毎日臨時増刊）』より算出

これによると，東京大学の場合には私立高出身者が過半でしかも 1996 年から 2015 年までの間に増加していることが明らかであるが，京都大学においては 40%強が私立高出身者であるけれども，その比率はほぼ変動していない．大阪大学，神戸大学では 30%前後，名古屋大学，広島大学では 20%前後とさらに私立高出身者の比率は低下する．

1991 年に中央教育審議会学校制度小委員会が出した「審議経過報告」において述べられた，「今，六年制一貫校には，主として大都市圏に住む，一定の収入を保証された家庭の子供以外は接近することさえ恐らく容易でないであろう．能力があっても，近づくことのできない学校制度が，長期にわたって有利な条件を保持し続けることは，教育における機会均等の理念にも反することである」という有名な物議を醸した文言は，ごく一部の難関大学にしか当てはまらず，旧帝大の中でも東大，京大を除くと，さほど顕著な傾向とはいえないということが理解できる．もちろん，医学部医学科（東京大学においては理科Ⅲ類）は審議経過報告で述べたられる懸念が当てはまる可能性が大きいことには留意が必要である．この点においては神戸大学も他大学と同様である．

ただ，ここで考察するべきことはこの「審議経過報告」が的を射たものであったかどうかという評価ではない．公立校上位の傾向が続く近畿圏の国立大学にとって現在の少子化の傾向がどのようなインパクトを持つのかを，神戸大学を例にして考察することが本章の課題である．

さて，表 7-6 を参照されたい．これは，神戸大学への合格者数が多い兵庫県立高校の各大学への合格者数を示したものである．まず，神戸高，長田高，兵庫高，姫路西高，加古川東高の 5 校は先に見た，合格者の多い上位 20 校に終始ランクインしてきた高校である．御影高，星稜高，夢野台高，姫路東高，加古川西高は，先述の 5 校の学区で 5 校に次ぐ合格者を送りだしている高校である．この表を見てまず気づくことは各校とも 1996 年から 2015 年にかけて卒業生数が減少していることである．おおむね 20%から 30%減少しているとみていいだろう．この傾向はここにあげた 10 校だけではなく，他の兵庫県立高校

第7章　大学への進学移動パターンの変化について考える　135

表7-6　兵庫県下の公立高の進学実績（1996 〜 2015 年度）

高校名	神戸高		長田高		兵庫高		姫路西高		加古川東高	
年　度	1996	2015	1996	2015	1996	2015	1996	2015	1996	2015
卒業生数	355	315	439	318	398	273	400	278	480	359
東京大	3	4	4	2	1	0	9	7	2	1
名古屋大	0	2	2	4	4	3	4	0	1	1
京都大	15	23	32	15	7	9	23	23	10	17
大阪大	24	36	39	38	19	21	39	24	21	26
大阪市立大	9	17	14	14	6	10	11	7	8	7
神戸大	34	61	70	46	41	38	38	34	44	24
岡山大		4		18		9		45		25
広島大	6	1	12	5	12	2	20	6	13	7
北大・東北大・九大	9	9	19	10	11	5	12	11	4	19
筑波大・一橋大・東京工業大	1	0	8	4	3	1	7	0	6	2

高校名	御影高		星陵高		夢野台高		姫路東高		加古川西高	
年　度	1996	2015	1996	2015	1996	2015	1996	2015	1996	2015
卒業生数	358	356	440	278	323	234	356	275	475	309
東京大	0	0	0	0	0	0	0	0	0	0
名古屋大	0	0	3	0	0	0	1	0	1	0
京都大	1	0	1	1	0	0	1	1	0	2
大阪大	2	3	9	7	0	0	10	9	2	1
大阪市立大	5	6	8	6	2	4	4	6	2	4
神戸大	12	8	14	19	4	5	19	15	5	8
岡山大		6		7		1		24		13
広島大	2	2	11	4	1	1	7	7	4	0
北大・東北大・九大	2	1	8	4	1	2	1	4	0	0
筑波大・一橋大・東京工業大	2	1	4	0	2	0	0	2	0	0

出所）毎日新聞社（1996）『1996 年度版大学入試全記録（サンデー毎日臨時増刊）』および同（2015）
　　　『2015 年度版「高校の実力」（サンデー毎日臨時増刊）』より算出

にもいえることである．

　他方で私立高校はどうか．表7-7 を参照されたい．神戸大学への合格者数が
多い私立 9 校を挙げたが，神戸女学院高等部を除いて，いずれも卒業生数は維
持されているか，むしろ増えているケースもある．表に掲げていない私立高に
ついても同様である．つまり，兵庫県下では，私立高と公立校に学ぶ者の比率
がそもそも大きく変化しているのである．公立校出身者が多い大学にとっては，
公立校出身者数の減少は合格者の中身の変化につながる．

　ここで先ほど挙げた神戸大学合格者数の多い兵庫県立高校 5 校と大阪府立
高校 12 校の京都大学，大阪大学，神戸大学合格者数の変化を検討しておこう．

136

表 7-7 兵庫県下の私立高の進学実績（1996 〜 2015 年度）

高校名	灘高		甲陽学院高		六甲高		淳心学院高	
年　度	1996	2015	1996	2015	1996	2015	1996	2015
卒業生数	216	219	204	195	189	179	126	123
東京大	104	94	18	28	6	7	6	1
名古屋大	0	1	3	3	5	1	0	1
京都大	49	36	83	67	25	18	24	9
大阪大	17	14	23	26	32	18	12	11
大阪市立大	4	5	5	12	5	10	4	3
神戸大	8	4	13	16	15	19	7	6
岡山大		0		3		4		4
広島大	0	3	1	3	3	4	4	1
北大・東北大・九大	2	8	10	11	13	12	2	9
筑波大・一橋大・東京工業大	8	5	8	1	6	5	2	2

高校名	白陵高		滝川高		神戸女学院高等部		親和女子高		神戸海星女子高	
年　度	1996	2015	1996	2015	1996	2015	1996	2015	1996	2015
卒業生数	192	189	394	261	200	143	321	244	143	145
東京大	31	22	2	0	6	0	0	0	0	1
名古屋大	2	4	1	1	0	0	0	0	0	0
京都大	16	13	13	1	17	0	0	0	1	5
大阪大	14	30	4	4	12	0	2	4	6	17
大阪市立大	5	3	0	3	4	8	3	7	0	3
神戸大	11	15	14	8	20	14	20	5	6	16
岡山大		10		5		0		0		2
広島大	4	2	2	1	0	1	3	1	0	2
北大・東北大・九大	6	10	1	3	0	0	1	1	2	1
筑波大・一橋大・東京工業大	10	5	3	0	1	2	3	0	0	0

出所）毎日新聞社（1996）『1996 年度版大学入試全記録（サンデー毎日臨時増刊）』および同（2015）『2015 年度版「高校の実力」（サンデー毎日臨時増刊）』より算出

　兵庫県下の公立高校全体では京都大学は 129 名（1996 年度）→ 122 名（2015 年度），大阪大学 305 名→ 301 名とほぼ変化がないのに対し，神戸大学合格者数については 511 名→ 430 名と大きく減少している．これは神戸高，長田高，兵庫高，姫路西高，加古川東高の 5 校に限定した合格者数についてもいえることで，京都大学 87 名→ 87 名，大阪大学 142 名→ 145 名であるのに対して，神戸大学では 227 名→ 202 名と約 1 割減少している．

　大阪府下の公立校全体では京都大学 268 名→ 252 名，大阪大学 500 名→ 479 名と微減であるのに対して，神戸大学に関しては 520 名→ 384 名と激減している．これは神戸大学合格者数が多い 12 校に限定してもいえることであり，京

第7章　大学への進学移動パターンの変化について考える　137

表 7-8　兵庫県，大阪府の主要公立高の京大，阪大，神大合格者数

	大学名	京都大		大阪大		神戸大	
	年　度	1996	2015	1996	2015	1996	2015
兵庫県	神戸高	15	23	24	36	34	61
	長田高	32	15	39	38	70	46
	兵庫高	7	9	19	21	41	37
	姫路西高	23	23	39	24	38	34
	加古川東高	10	17	21	26	44	24
	合　計	87	87	142	145	227	202
	全公立高合格者数	129	122	305	301	511	430
大阪府	茨木高	39	33	71	66	53	53
	大手前高	19	38	33	46	38	37
	天王寺高	22	53	27	53	41	37
	四条畷高	27	16	32	25	47	33
	三国丘高	48	25	71	53	39	33
	北野高	63	61	76	43	65	30
	高津高	8	5	24	36	34	29
	豊中高	2	4	18	30	33	26
	生野高	18	4	33	28	38	20
	岸和田高	8	6	22	14	28	7
	千里高	4	0	11	19	20	10
	泉陽高	1	1	11	7	15	9
	合　計	259	246	429	420	451	324
	全公立高合格者数	268	252	500	479	520	384

出所）毎日新聞社（1996）『1996 年度版大学入試全記録（サンデー毎日臨時増刊)』および同（2015）『2015 年度版「高校の実力」（サンデー毎日臨時増刊)』より算出

都大学 259 名→246 名（つまり，大阪府下の公立校から京都大学への合格者のほぼすべてがこの 12 校から輩出されている)，大阪大学 429 名→420 名と微減であるのに対し，神戸大学では 451 名→324 名と激減している.

　このことは何を意味するのであろうか．表 7-9 をご覧いただきたい．1952 年度から 2015 年度までの兵庫県立高校 5 校の神戸大学合格者数の変遷である．これら 5 校からの合格者数は 1976 年度までは増加傾向，逆にその後は減少傾向にある．この原因のひとつは公立高校の卒業生数が減少しているのに対して，国立大学の合格者数が増加していることである．表 7-10 によれば，京都大学では 1996 年度に 2,936 名であった合格者数が 2015 年には 2,907 名とほぼ変わらないが，大阪大学では 2,999 名から 3,433 名へ，神戸大学では 2,641 名から

2773 名へと増加している。これは大阪大学では大阪外国語大学との統合により外国語学部を新設し，神戸大学では神戸商船大学との統合により海事科学部を新設したためである。1996 年度以降の時期においては，東京大学，名古屋大学や広島大学の傾向を見ても明らかな通り，臨時増定員の返上等で他大学では（統合でもしない限り）合格者数は大きく減少させている。しかし，近畿ブロックにある上記国立 3 大学ではむしろ統合等により拡張しているのである。それに対して公立高校の卒業生数が減少しているのであるが，この傾向はこれら 3 大学に何をもたらすのであろうか。大学が拡張し，公立高校卒業者数が減少するということは，ある特定の高校と，そこから進学する大学との組み合わせの変化を必然的にもたらす。先の表から推測されるのは，従来，（神戸大学にとってもっとも多くの合格者を輩出してきた）兵庫県下，大阪府下の公立高校から神戸大学に進学していた層が京都大学，大阪大学に流出し，その穴が近畿圏の

表 7-9　兵庫県下主要 5 公立高の神大合格者数の推移（1952 〜 2015 年度）

	1952	1956	1966	1976	1986	1996	2006	2015
神戸高	54	75	97	90	59	34	28	61
長田高	19	28	76	77	65	70	64	46
兵庫高	47	41	64	52	37	41	34	37
姫路西高	22	47	60	79	75	38	27	34
加古川東高	29	38	49	57	44	44	29	24
合　計	171	229	346	355	280	227	182	202
神戸大学定員	1,312	1,190	1,654	2,048	2,198	2,641	2,644	2,773

出所）1952 年度と 1956 年度は『蛍雪時代』各巻各号，1966 年度以降は『サンデー毎日』各年各号より算出

表 7-10　国立 6 大学の合格者数の推移（1952 〜 2015 年度）

	1952	1956	1966	1976	1986	1996	2006	2015
東京大	2,027	2,044	2,936	3,088	3,242	3,529	3,100	3,108
名古屋大	773	826	1,482	1,718	1,925	2,332	2,315	2,238
京都大	1,432	1,357	2,422	2,521	2,669	2,936	2,933	2,907
大阪大	884	922	1,770	2,129	2,470	2,999	2,735	3,433
神戸大	1,312	1,190	1,654	2,048	2,198	2,641	2,644	2,773
広島大		1,293	1,822	2,525	2,577	3,006	2,630	2,515

出所）1952 年度と 1956 年度は『蛍雪時代』各巻各号，1966 年度以降は『サンデー毎日』各年各号および『週刊朝日』各巻各号より算出

私立高校卒業生によって埋められているのではないかということである.

しかし, この仮説の検証には, もう少しデータの精度を上げると同時に緻密な分析が求められる.

第一に1996年度と2015年度の二時点を比較したが, それをたとえば2006年度などを交えて分析して, もう少しトレンドについて丁寧な議論が必要である. ことに1996年度は阪神・淡路大震災の影響を受けて近畿ブロックの受験生に大きな混乱が見られた翌年のことであり, 二時点間の分析だけをもって一定の結論を導き出すのは危険である.

第二に, 2015年度入学試験から兵庫県の県立高校の学区が16から5に変更された. このことによって高校と大学の接続関係がさらに大きく変化する可能性は少なからず存在する. この影響を見極めるにはもう数年の継続的な観察を要する.

すなわち, 過去の分析においては, もう少し多くの時点を踏まえた丁寧な分析が必要であり, また将来の分析においては, もう少し観察期間を置いた中期的な視点から分析する必要があるということである.

もちろん, これらの課題については, 今回論じきることは不可能であり, 別の機会に論述することとする.

引用・参考文献

井上敏明 (1980)『学歴の深層心理―日本人のコンプレックスを探る―』世界思想社

喜多村和之 (1990)『大学淘汰の研究―消費社会の高等教育―』中央公論社

永井道雄 (1965)『日本の大学―産業社会にはたす役割―』中央公論社

広島大学高等教育研究開発センター (2015)『大学論集第47集―喜多村和之教授追悼特集―』同センター

山内乾史 (1990)「2000年における4年制大学進学者数の都道府県別・ブロック別予測」『教育学研究』第57巻第2号, 日本教育学会, pp.1-12

山内乾史 (1996)「進学移動パターンの変化に関する一考察―神戸大学の研究 (その1) ―」『大学教育研究』神戸大学大学教育研究センター, pp.29-40

(注) 本章は『大学教育研究』(神戸大学大学教育推進機構刊行), 第24号 (2015年3月) 9-20頁に若干の加筆修正を加えたものである.

第8章

アラブの春とイエメンの教育計画

1 はじめに

　本章は2000年に「万人のための教育」のレビュー会合で採決されたダカール行動枠組みや，国連開発計画（UNDP）が発表したミレニアム開発目標（MDGs）以降，教育計画および教育開発のアジェンダが中東のイエメン共和国（以下，イエメン）にとってどのように変遷していったかを考察する．2000年以降の世界的な教育開発の高まりの中で，イエメンでも数々の戦略文書が作成され，政策の方向性も明文化され，イエメンの教育開発は大きく前進した．基礎教育においては学校教育の教育側の問題である学校インフラや教員配置で大きな改善がなされ，需要側の問題である教育の重要性の理解や子どもたちの労働参加の低下などの家計側の意識も改善が見られている．また，基礎教育に続く中等教育や職業訓練教育，高等教育の各課程でも戦略が作られたことにより課題が明確になり，改善への施策が始まった．しかし2011年に起こったアラブの春の民主化運動により，34年続いた同一大統領による長期政権は崩壊し，結果としてイエメン社会は政治的，社会的，そして経済的にも不安定な状態に陥ることになった．2015年はミレニアム開発目標の最終年であったが，目標の達成はできなかった．2015年1月にはアラブの春以降2年以上続いた暫定政権が新しい国の仕組みを作る前にクーデターにより瓦解し，教育開発の先行

きはまた混沌としてきている．しかし，イエメンの教育関係者，および教育政策の関係者はこういう時だからこそ2030年までの国としての長期教育開発ビジョンを示したいと強い意志をもっており，国家教育ビジョンの作成が関係者の間で進められている．

2 EFA アジェンダ開始後の教育計画の枠組み

（1）教育行政と戦略

イエメンの教育行政は現在3つの教育関連省が分担して担っている．基礎教育，中等教育，そして，幼児教育と識字教育は1963年に設立された教育省が現在も担っており，教育関連省の中では一番規模が大きい．職業訓練教育は1970年に教育省の担当でスタートしたが，1990年に社会労働省へと移管され，2001年の職業訓練省の新たな設立により，独立して政策設定を行うようになった．そして，高等教育は一度1990年に設立された高等教育科学研究省が1994年には一度解体されたが，2001年に再度設立され現在に至っている．これらの3つの教育関連省のほかに青少年スポーツ省が同年代の子どもたちの健全な成長を対象とした事業を推進しており，行政的には，計画国際協力省，財務省，地方行政省，公務員省などが教育行政に深く関わっている．

イエメンの近年の教育開発戦略の策定は1996年の最初の5カ年計画にさかのぼる．1996年以降，2001年，2006年と打ち出された5カ年計画において，イエメンは教育発展に重心を置いた政策を打ち出した．2002年に発表されたイエメン戦略ビジョン2025では，人的資源開発が経済成長および国民の生活向上に最重要であると述べるとともに，教育は特に労働力と経済発展のために必要であるというスタンスを明確にし，2025年までに国民識字率を90%，基礎教育の修了率95%などの数値目標を取り入れた（MOPIC, 2002）．具体的な教育政策はこれらの国家レベルでの教育指針に基づいて作られた教育課程別の戦略文書に沿って，3つの教育関連省を中心に実施されている．近年のイエメ

ンの教育計画は，基礎教育の普及の遅れや最貧国の位置づけもあり，国際的な教育開発のアジェンダに後押しされて急速に進んだ側面も強い．実際，国際的な教育開発アジェンダの整備が進んだ2000年以降，イエメンでも教育行政・教育計画に関する整備が次々となされていき，教育計画の明文化にともない援助機関の増加と資金面での柔軟性が少しずつ生まれていった．2000年代から2015年にかけてのイエメンの教育計画の基礎となっているのは以下の6つの主要な教育関連戦略文書である．

基礎教育開発戦略

　基礎教育開発戦略（Basic Education Development Strategy：BEDS）は2年近くに及ぶ技術支援のもと，政策者，研究者，実務者，教師などを含む参加型アプローチを使い作成され，2002年に発表されたイエメンの教育の基幹となる戦略である．教師と教授法の改善，カリキュラムと評価方法の改善，学校運営の改善，教育財政の改善，地方教育行政の改善，女子教育の向上，学校建設，そして教育における住民参加の向上の8つの分野で基礎教育改革を目標としており，2015年までに基礎教育期間である1-9年生の就学率を95%まで引き上げることを目標としている（小川，2006；MOE，2004）．

中等教育開発戦略

　中等教育開発戦略（General Secondary Education Strategy，2006-2015）は2006年に採択され，質の高い公平で費用対効果の高い中等教育を提供することを目標として設定されている．中等教育の役割は基礎教育で培った知識をもとに生徒の視野や知識を広げ，また高等教育や職業訓練教育につながる能力を育成し，労働に従事できる準備期間という他の教育課程や労働市場との橋渡しの役割を意識した戦略となっている．具体的には2015年までに性別間と都市部地方部の就学率の不均衡の是正，高い留年率や退学率の改善，質の高い教員の効率のよい配置，新しい教授法やテクノロジーの導入，学力調査の導入などを具

体的なアクションとして掲げており，数値目標として，2015年までに就学率を66%，中等教育修了率56%を設定している（MOE, 2006）．

職業訓練教育戦略

職業訓練教育戦略（Technical Education and Vocational Training Strategic Development Plan）は2004年に策定され，一般教養課程と技術教育課程の適切なバランスを達成することを目指している．数値目標としては，中等教育課程および高等教育課程でそれぞれ15%の学生が職業訓練学校で教育を受けていることとなっており，そのために職業訓練学校の学校数，教室数の拡大が最重要課題としてあげられている．アクセスに関しては，特に学校中退者や女性の技術教育への参加の拡大も目標としてあげられている．また，質的側面としても，従来の教育側の都合に基づいた技術教育の提供ではなく，労働市場の需要に基づいた職業訓練教育の提供へとアプローチを変更することが明記され，漁業，工業・軽工業，建設，サービス，観光，交通・情報，そして手工業の各セクターが重点経済セクターとして選ばれ，産学の連携を深めたより効果的な労働力の育成を目指した（MTEVT, 2004）．

高等教育戦略

2005年より施行されている高等教育戦略（National Strategy for the Development of Higher Education in Yemen）は，イエメン国民の総合的な生活水準の向上のために，質の高い高等教育を幅広い学生に多様なチャンネルを通じて，効果的に効率よく提供することを大きなビジョンとして掲げている．そしてそのもとで，(1)高等教育の統治のあり方，(2)教育機関の多様化，(3)財源の確保と効果的な支出，そして，(4)教育，研究，サービスという4つの戦略の柱をたて，中長期的な高等教育システムの向上を目指している．具体的な目標としては，2025年までに19歳から23歳の年齢層の35%が高等教育に参加していること，という就学率に関する数値目標が設定されている他，質の向上や大学機

構の多様化などの質的な目標も設定されている（MOHESR, 2005）.

その他教育関連戦略

　教育に関連したその他の戦略には，2006 に発表された子どもと青少年の戦略（National Children and Youth Strategy）や，1998 年に他の戦略に先んじて発表された識字と成人教育戦略（National Strategy for Literacy and Adult Education）がある．子どもと青少年の戦略は 0 歳から 5 歳児の戦略，6 歳から 14 歳の基礎教育学齢児童に対する戦略，15 歳から 24 歳の青少年戦略の対象年齢ごとに 3 つのカテゴリーがある．0 歳児から 5 歳児の戦略では母子保健や栄養環境の向上，就学前教育などの項目が対象としてあげられている．6-14 歳のカテゴリーでは，基礎教育の充実を補完する形で，障害をもつ児童の教育，学校保健と栄養などが，女子教員の充足などと並んで掲げられている．青少年戦略のカテゴリーでは，青少年の雇用と健全な社会参加，早期妊娠の防止などが目標になっている（MOYS, 2006）.

(2) 教育財政と教育計画の支援枠組み

　2000 年のダカール枠組み以降，教育開発へのドナー参加という外的要因の変化と，教育戦略の設定という内的状況の整備を受けて，教育開発の政策決定のあり方も大きく変化してきた．基礎教育戦略の実施の進捗状況を政府，ドナーで共有するため，2005 年に初めての合同年次レビューが，政府，ドナー，NGO，研究機関等さまざまな関係者を招いて実施された．このレビューでは基礎教育開発戦略の各主要項目における進捗状況が報告されており，以来，毎年実施されるようになった．教育財政の面においても，教育省は他の省に先立って 2007 年に中期支出枠組みを作成し，財務省の財政文書は単年会計ではあるが，教育省だけは向こう 3 年にわたり中期開発目標から逆算して，いつどのように予算配分が必要か明確に示した．こういった動きに呼応してドナー間の援助協調も盛んになった．それまで個々のドナーがそれぞれの目的意識でプロ

ジェクト形成をしていたものが，教育省内の教育大臣直轄の技術室にドナーコーディネーターの役割が付与され，ドナーの活動の内容や活動の実施場所等が重複せず，相互補完的であるように調整されていくようになった．教育開発分野においてはまだ活動が始まったばかりのドナーが多かったため，いきなり財政支援のような形のスワップ（Sector Wide Approach）にはならなかったが，たとえば，世界銀行，イギリス，オランダ，ドイツのKfWが共同で出資した基礎教育開発プロジェクト（Basic Education Development Project：BEDP）のように徐々に共同支援の形をとるプロジェクトが形成されていくようになった．また，教育開発の新たな支援の形として，国際的な「ファスト・トラック・イニシアティブ」（Fast Track Initiative）が2002年のG8サミットで提唱され，イエメンを含む最貧国の23カ国を対象に国際レベルでドナーから触媒基金を提供し，集中的にEFA達成の支援をするものが始まった（小川，2006）．これにより教育セクターの包括的な計画を提出したイエメンにも，触媒基金と呼ばれる基金が2004年からEFAの対象である基礎教育の6年生までを重点的にとした教育開発に提供されるようになった．この基金は2006年に第二次，2009年からの第三次と続き，合計4,000万ドルが提供された．また，2013年以降はさらに8,260万ドルの支援がFTIの後継である「教育のための国際パートナーシップ」Global Partnership for Education（GPE）から提供されている．

3 政策課題の変遷と教育政策の実行

（1）基礎教育へのアクセスの向上と女子教育

2002年の基礎教育開発戦略文書の策定以降2000年代後半にかけて，基礎教育分野では女子教育の拡充および，教育へのアクセスの向上を中心として政策が展開されることとなる．ドナーのプロジェクトの動向を見ても学校建設や，老朽化した校舎の建て替えといった，インフラ面での拡充にまず予算配分が優先されていた．前述のBEDPやその前身BEEP（Basic Education Expansion

Project), ソーシャルファンド (Social Fund for Development), FTI などの大き
な予算を扱うプロジェクトが中心となり, 学校インフラの整備が行われていっ
た. これにより学校の絶対的な数が不足し, 近くに学校がないために小学校に
行けないという基本的な問題は徐々に解消されていった. 実際に学校建設を中
心に据えた BEEP のインパクト評価は, プロジェクトの対象となった 4 つの
州で大幅な生徒数の増加が見られたことを報告している. プロジェクト期間
であった 1999 年から 2005 年の間に, 対象地区の女子の純就学率は非対象地区
の 21% という増加率よりもさらに 14% も高い 35% の増加率を記録した (World
Bank, 2007).

　しかし, この時期のアクセス向上のための施策の目玉は学校建設だけではな
かった. 家計調査の分析や個々の調査が実施され, 学校に行かない理由は各家
庭, 子どもによって異なるということが認識され, それぞれのニーズに応じた
施策が必要であるとの結論が出された. 家計調査の分析によると, 学校教育の
供給側, つまり, 学校の有無や教員の有無といった教育サービスの不備による
就学の問題は農村部では, 男子で 37%, 女子で 49% と比較的大多数を占めるが,
都市部では男女それぞれ 4%, 9% と, 供給側にはほぼ問題がないことがわか
った (World Bank, 2010). 農村部で特に女子児童の家庭から提起された供給側
の問題は大部分が女性の教員がいないことであった. イエメンの伝統的な社会
通念として, 思春期を迎えた女子児童は男性と同じ部屋にいるべきではないな
どの考えがあるため, 女性の教員がいない学校では女子の就学率に問題がある
ということがわかった. しかし, 特に農村部では教員資格を持っているものが
少なく, また出身地以外の農村部で女性が教員として働くことが社会文化的に
むずかしいため, 女性教員が不足していた (有村・小川, 2007). そして, 未就
学要因の分析の結果, 供給側の対となる需要側, つまり, 家計側や生徒個人の
問題が非常に大きいということも家計調査の分析で明らかになった. 経済的理
由の不登校, そして, 教育はあまり必要ないといった家計の意識が低い就学率
の原因と判明した.

これらの原因分析に基づき，政府は 2000 年代中盤より次々に新しい施策を打ち出していった．具体的にはこれらの問題に対応した 3 つの新しい施策が BEDP などを中心にパイロットとして導入された．まず，女子教員の不足という問題に対しては，正規の採用ルートでは教員養成の学校の卒業資格がないために採用されることのない，高校卒業程度の学歴を持つ，地方に在住している女性を契約教員として採用し，その後 3 年間にわたり夏休みなどの間に教員資格の単位取得をサポートし，プログラムの満了とともに正規職員として公務員採用を行うという施策が打ち出された．もともとは国際協力機構（JICA）の BRIDGE プロジェクト（Broadening Regional Initiative for Developing Girl's Education）やユニセフが実施していた女子契約職員のプログラムの延長ではあったが，これにより教員資格の取得プログラムの整備，および，財務省や公務員省との調整を経て合意に至った公務員採用までの道筋ができたのが大きい．また，地方在住の女性に限ったことも大きな意味があり，これまで大学を卒業した女性は都市部に在住する傾向があり地方に行く女性がいなかった問題が解消された．

　教育の需要側の問題に対応しては，女子生徒を対象とした条件付補助金制度（Conditional Cash Transfer：CCT）が導入された．1 年生から 3 年生の女子は学校近くにないという供給側の問題はあったが，家計の手伝いをしないといけないといった経済的な理由での非就学の問題は特になかったため，4 年生以降，つまり，女子児童が 10 歳を超えて家事や家業の手伝いをすることが期待されている学年以上を対象に 1 人当たり年間 35 ドル程度の補助金を出すと決められた．これは条件付補助金であるため，補助金を受け取るためには 80% 以上の出席率および，学年末テストで落第しないことという条件がつけられ[1]，形だけでなく，生徒の学びが促進されるような形で導入された．世界食糧計画（WFP）による学校給食や食糧支援という活動は以前にもあったが，女子教育に関する条件で現金が支給されるというのは新しい施策であったため，2 つの州で実験的に導入され（ラヘジ・ホデイダ），ひとつの州（ホデイダ）で，プロ

ジェクト校，非プロジェクト校をランダムに抽出したインパクト評価のプログラムが導入された．2008 年にベースラインのデータは収集されたが，2010 年以降に予定されていたエンドライン調査は治安悪化のため無期限延期になってしまっている．しかし筆者がこれらのランダム抽出された学校での女子の就学率を政府の管理データを用いて計算したところ，2008 年に当時 4 年生だった女子生徒の 2012 年の就学パターンは，ランダムに抽出された CCT 対象校のほうが非対象校よりも 21% ほど高い学校在籍率という結果が出ており，また，当時 1 年生だった女子生徒の 5 年生進学率も 18% ほど CCT 対象校のほうが高かった．正式なインパクト評価としてはまだデータがないため，残念ながら家計にどのような意識変化があったのかは厳密にわからないが，CCT が女子教育の向上に有効であるということはデータが示している．

　3 つ目の施策は学校自治の強化であった．2006 年までは学校は参加費という形で生徒から学費を徴収していたが，2006 年に決定導入された無償基礎教育制度により 1−6 年生の教育が無償になり，学校運営に使える資金がなくなったのが背景にある．学校単位で必要な物品購入ができない，必要なメンテナンスができないといった問題を解消するために，政府が学校へ直接補助金を供出し，これを校長先生，村の首長，保護者の代表によって作られる PTA が計画的に学校運営に支出していくという形が作られた．これはこれまで中央集権的に中央政府が主導してきた基礎教育の普及に地方分権化の流れが加わり，州や郡などの地方政府，学校，そして地域の住民とのパートナーシップの重要性が強調されるようになった流れの中で始まった (桜井，2007)．これまで保護者の学校参加などの機会が限られていたため，参加型の学校運営として，教育は必要ないといった保護者の意識改革や，自分たちの村の学校を大事にしていくといった村全体への波及効果をも狙った制度である．2005 年に JICA のBRIDGE プロジェクトでタイズ州から実験的に始まったこの施策は，政府の政策として主流化し，「包括的学校向上プログラム (Whole School Improvement)」と呼ばれ政府主導で BEDP などを通して拡大した．ユニセフは同様のプログ

ラムを「チャイルドフレンドリー・スクール (Child Friendly School)」と呼び，学校保健などの概念を付け加えて子どもたちを主体とした学校運営を唱えたが，これらは学校を自分たちの手で自分たちのために運営していくというコミュニティーや学校単位のキャパシティービルディングを主要概念として位置づけたものであった．

(2) 基礎教育の質の課題

　基礎教育へのアクセスの問題への対応が比較的充実してくると，2000 年代後半にかけて教育の質の課題も以前に増して議題に上るようになったが，これは 2003 年と 2007 年実施された国際数学・理科教育同行調査 (Trends in International Mathematics and Science Study：TIMSS) の結果が影響を及ぼすところが少なくない．それまで教育の質の議論といえば教員の資格の問題やカリキュラム，教科書の質といったインプットの質が不十分であるという議論が主流であったが，それでも基礎教育高学年や中等教育にたどり着く子どもたちはしっかりとできているという暗黙の認識がどこかにあったのかもしれない．そういった状況で，初めて参加した TIMSS という国際学力調査はイエメンの教育関係者たちに衝撃を与えた．TIMSS の 2003 年の結果としては，サンプリングの方法が質の基準に満たないという理由で国際試験の結果として公式に採用されなかったが，2007 年の TIMSS は教育の質の問題を明確に浮き彫りにした．4 年生の算数，理科のそれぞれの試験においては，国際平均点である 500 点を大きく下回る 224 点，および 197 点で，国際比較では 36 の参加国では最低，また 4 年生の国際基準で「低学力水準」というベンチマークにさえ届いた子どもたちは算数，理科でそれぞれ 6% と 8% しかいないという結果であった．つまりそれぞれの教科で 94% および 92% の子どもたちは国際的な低学力水準というベンチーマークにさえ満たないレベルと位置づけられ，分析の結論としては小学校 4 年生の算数のテスト云々以前に，そのテストの内容が読めなかったというものであった．これは小学生たちの基礎的読解力がいちじる

しく欠落しており，テスト問題さえも理解できなかったという非常に衝撃的な結論であった．以来，基礎教育の特に低学年での教育の質に重点が置かれるようになり，それまで教材や先生といったインプットの質が向上すればおのずと教育の質は上がると推定されていたものが，学力の結果や，学生の能力測定といったアウトプットにフォーカスをした質の議論へと変遷していった．特に算数の問題で問いの意味さえ理解できなかったという読解力への批判が高まったため，小学校低学年の国語（アラビア語）の教育に力を入れるようになった．一環として2011年にUSAIDのサポートで行われたEGRA（Early Grade Reading Approach）テストにおいて，小学校低学年での読解力のアセスメントが行われたが，簡単な文章の単語がひとつも読めなかった生徒の割合が2年生で43%，3年生で25%と，基礎学力のいちじるしい欠如が指摘され（USAID，2012），小学校低学年からの基礎学力向上がイエメンの教育の質の緊急課題となっている．

（3）政策対象課程の拡大

　2000年代前半の各教育レベルの戦略文書の策定を受けて，この時期は，基礎教育の拡充だけでなく，中等教育，職業訓練教育，高等教育にも焦点が当てられるようになってきた．政府の方針の明文化に伴い，たとえば主要ドナーのひとつである世界銀行のサポートを見ると，2008年から中等教育プロジェクト，2007年から職業訓練教育プロジェクト，そして，2010年から高等教育プロジェクトがスタートしている．中等教育プロジェクトは，世界銀行，イギリス，オランダ，ドイツのKfWが参加し，基礎教育後の10年生から12年生を対象に中等教育へのアクセスや質の向上を目指すものである．アクセスの面では基礎教育で始まったCCTのスキームをパイロット的に中等教育へと延長し，女子生徒だけでなく男子生徒でもサポートを受けられるようにしている．教育機会と教育の質の向上が最重要課題であり，中等教育学校の基本的なインフラ整備や実験室などの導入といったこの課程での最低限の教育環境を整えることが優先されている．職業訓練教育プロジェクトは1990年代に立ち上がったプ

ロジェクトの後継プロジェクトであった 1995 年に前のプロジェクトで立ち上げられた技術開発基金（Skills Development Fund）を継続して支援し，戦略文書で指定された成長分野での集中支援がデザインに含まれた．高等教育プロジェクトでは学部レベルでの教育の質の向上のために質向上基金が設置され，各大学がカリキュラムリフォームや備品の購入，教授の研修などの案を提出し，選ばれた大学の学部に計画案の実行予算がつけられるようになった．

　戦略設定とこれらの政策実行の結果，2000 年から 2012 年までの間に，生徒数が着実に増加していることがわかる．基礎教育課程においては，12 年間で 150 万人の生徒が増加，そのうち 94 万人は女子児童であった．トータルで女子は 78% 増加し，年間平均増加率は 4.8% を記録した．中等教育では男女合計では年間平均 2.9% の増加率であったが，女子の増加率は年間 6.3% と，12 年で倍以上になった．依然として基礎教育でも中等教育でも女子生徒の絶対数は少ないが，増加のペースから女子教育の普及を目指した政策が有効な効果をあげていることが推測できる．職業訓練教育，高等教育のそれぞれの教育課程で

表 8-1　2000—2012 年の課程別就学者数と増加率

		2000	2012	増加数 (2000-2012)	増加率 (2000-2012)（%）	平均年間成長率 (2000-2012)（%）
基礎教育	男子	2,185,278	2,781,782	596,504	27	2.0
	女子	1,216,230	2,159,077	942,847	78	4.9
	合計	3,401,508	4,940,859	1,539,351	45	3.2
中等教育	男子	359,807	415,487	55,680	15	1.2
	女子	131,477	274,839	143,362	109	6.3
	合計	491,284	690,326	199,042	41	2.9
職業訓練教育	男子	12,993	29,387	16,394	126	8.5
	女子	1,828	6,062	4,234	232	12.7
	合計	14,821	35,449	20,628	139	9.1
高等教育	男子	126,164	239,678	113,514	90	5.5
	女子	41,296	108,579	67,283	163	8.4
	合計	175,367	348,257	172,890	99	5.9

出所）World Bank（2010），MOE（2012），および筆者が直接関連省から入手．職業訓練教育のデータは 2002 年より

は，ベースラインとなる生徒数が少なかったため，この 2000 年以降の増加率
は男女ともに非常に速いものとなった．職業訓練教育では 2002 年[2] から 2012
年の 10 年間では男女とも倍以上に増加し，高等教育でも 12 年間でほぼ倍にな
っている．

4　脆弱国家の苦悩：総合的教育開発ビジョンとアラブの春

　教育戦略の整備により各教育レベルでの方向性が明確になり，イエメンの教
育開発は財政・技術支援の増加も伴って政策の実施へと大きく展開していった
が，そのなかで教育戦略間の連携不足も問題点として認識されるようになって
きた．3 つの教育関連省の連携不足もあり，前述のように 6 つの教育政策がそ
れぞれ同時進行的に策定されたため，必ずしもお互いの戦略文書への相互参照
が十分ではなく，時に目標数値に乖離があるなどの問題も表面化してきた．た
とえば，中等教育課程においては，中等教育開発戦略と職業訓練戦略がお互い
に個々の主張を書き出しているだけで基礎教育を修了した学生にどのような継
続教育のオプションを提供するのかという大きなビジョンがなく，職業訓練戦
略では就学比率を 15% まで引き上げるという数値目標だけが先走っているな
ど，それぞれにおいては非常に重要な大義を掲げているのにもかかわらず，ト
ータルでは相乗効果に乏しい状態になってしまった．同様に各課程の戦略文書
と国全体の戦略文書である戦略ビジョン 2025 などとも不一致な点が顕在した.
また教育セクター間での予算配分の優先順位が不明であるなど，教育レベル別
の優先課題ではなく，教育セクター全体としての優先課題の設定や，どのよう
に取り組んでいくかという大局的な舵取りが重要になってきた．そういったニー
ズの高まりを受けて，2007 年にそれぞれの戦略文書を統合し，俯瞰的に教育
セクターの指針を示す文書として，教育ビジョンを作成しようという動きが始
まった．2002 年に策定された基礎教育開発戦略はすでに 5 年が経過し，開発
アジェンダも大きく展開していたため，まずは現状の再把握を目的として，「教

育現状報告書」という教育セクターのレビューが準備されることとなった．この作業の実施にあたっては計画国際協力省を中心とし，財務省や公務員省，そして教育関連省等の省が関わる委員会が設置され，その下に研究テーマごとのチームが形成された．このチーム編成は，政府官僚のみならず，研究機関や援助機関，そしてNGOなどのさまざまな組織が参加したものとなり，参加型のプロセスで2年近くを費やし完成した．

　しかし，教育の現場では施策が実施され始め，また，教育戦略文章の統合とビジョンの作成が進行していく2011年2月にイエメンでもアラブの春が起こった．アラブの春は中東北アフリカ地域の，それまで専制政治が長く行われていたチュニジアやエジプトで，2010年の暮れから民主化運動がおき，それが国を超えて連鎖的に波及していったものである．これによりそれまで1990年の南北イエメン統合以前の北イエメン時代からあわせると34年にわたり実権を握っていた当時のサレハ大統領が退陣し，暫定政府への政権移譲となった．人びとは民主化を歓迎し高揚していたが，イエメンは非常に個々の部族の力が強い社会であったため，今度は次の政権の形が見えないという泥沼にはまっていくことになる．とりあえずは2012年の2月に樹立された暫定政権のもとで比較的安定して教育政策の議論がなされてはいたが，2014年にはイエメン北部を拠点とするザイド派民兵組織ホーシーが首都を制圧し，2015年1月，クーデターにより再度実質無政府状態の混乱へと落ちていったのである．このようにして，イエメンは脆弱国家がゆえに，教育計画の未完成や実行の頓挫といった混乱とともに教育開発を行っている国である．2011年のサレハ政権から暫定政権への移行期には混乱により破壊活動のほか，マクロ経済の悪化に伴う公共財政の悪化，そして，教育サービスの低下が見られた．学校現場では，校舎の破壊や治安の悪化による学校閉鎖，先生や職員の職場放棄や授業の欠席，授業時間の減少による授業課程の未達成などが報告されている（World Bank, 2013）．

　しかし，そういった苦難の中でも教育現場はなんとか動いているし，教育

政策に携わる政府官僚も教育ビジョンの策定に向けて現在も仕事を続けている．教育策定に関しては現在も3つの教育関連省が連携して，2030年までの教育ビジョンの策定に尽力している．2014年以降のビジョン作成のロードマップにおいては，2007年に始まった時のイニシアティブから時間がたっているため，また2015年という各戦略の期限を迎え，それまでのロードマップからは修正されたものとなった．それまで考えられていたビジョンとは既存の各レベルの戦略文書をまた統合的に俯瞰し，必要な情報の補完や戦略間の調整をするものとして位置づけられていたが，修正されたビジョンの展望では，2016年現在では，各レベルの戦略文書の実行期間が終了した2015年以降の教育セクターの，唯一のビジョンおよび戦略文書として位置づけを変えてきている．2015年以降は各レベルの戦略文書の期限を迎えるため，理想的には戦略実施のアセスメントを行いそれに基づく改訂を行うのが最適ではあろうが，治安の悪化とあいまって必ずしも完璧な形で新しい戦略への移行を行うのは困難である．暫定政権化で進行していた国の連邦制度への移行を基軸として教育行政のあり方が論じられてきたが，2015年1月の暫定政権の崩壊により，再度教育行政のあり方も白紙に戻ってしまった．戦略なくして国の教育制度の舵取りを行うのもむずかしく，当面はむずかしい政治および治安状況の中，教育の現場の維持を最優先に教育ビジョン策定に奔走することが予想される．

5 おわりに

脆弱国家における教育計画はさまざまな困難が付きまとう．安定した政府が存在しない場合はなおさらである．イエメンにおける教育計画は，2000年代前半から中盤にかけての各教育課程での戦略文書の策定により，開発目標や方向性が明確になり，政府のみならず国際援助機関や二国間援助機関，NGOなども含めてすべてのステークホルダーが同じ方向を見て取り組めるようになった．技術支援や財政支援も活発化し，EFAの目標に向けても少し希望が見え

始めていた．しかし，それまでにも地方でくすぶっていた部族間対立などの不安定要素が，アラブの春以降国全土へと波及し，教育計画のみならず国家運営そのものが危ぶまれる状態に陥ってしまった．教育の普及は社会開発や経済発展へとつながり長期的な国家の安定の礎を築くものである．しかし，現状のイエメンにおいては若者たちの教育機会が奪われないこと，失われた世代を生み出さないことという現状対応が最重要課題であるかもしれない．教育ビジョンという長期の教育開発の展望を描き，ステークホルダーが再度同じ方向を見て進めるよう，早期の社会安定が望まれる．

注)
1) 高い留年退学率を考慮して，卒業までに一度だけの留年は許容される．
2) 職業訓練教育のデータは 2000 年のものが入手不可能であったため 2002 年．

引用・参考文献

Ministry of Education（MOE）(2004)*National Strategy for Development of Basic Education in the Republic of Yemen, 2003-2015*, Sana'a, Republic of Yemen.

Ministry of Education（MOE）(2006)*General Secondary Education Strategy 2006-2015*, Sana'a, Republic of Yemen.

Ministry of Education(MOE)(2012)Annual Education Survey 2012-13, Republic of Yemen, Sana'a.

Ministry of Higher Education and Scientific Research（MOHESR）(2005)*National Strategy for the Development of Higher Education in Yemen*, Sana'a, Republic of Yemen.

Ministry of Planning and International Cooperation(MOPIC)(2002) Yemen's Strategic Vision 2025, Sana'a, Republic of Yemen.

Ministry of Youth and Sport（MOYS）(2006)*The National Children and Youth Strategy of the Republic of Yemen 2006-2015*, Sana'a, Republic of Yemen.

Ministry of Technical Education and Vocational Training(MTEVT)(2004)*Technical Education and Vocational Training Strategic Development Plan*, Sana'a, Republic of Yemen.

USAID（2012)*Student Performance on the Early Grade Reading Assessment（EGRA)in Yemen.*

World Bank（2007）*Implementation completion and results report（IDA-34220)on* *a credit in the amount of SDR 42.4 million （US\$ 56.0 million equivalent） to the Republic of Yemen for a basic education expansion project.* December 18, 2007, Middle East and North Africa Region, Human Development Sector. Washington, D.C.

World Bank（2010）*Republic of Yemen Education Status Report –Challenges and Opportunities*, A joint publication of the IBRD and Republic of Yemen. Middle East and North Africa Region. Washington, D.C.

World Bank（2013）*Project Appraisal Document on a proposed Grant in the Amount of SDR 43.1 Million to the Republic of Yemen for a Second Basic Education Development Project,* Report No：72143-YE. Washington, D.C.

有村美穂・小川啓一（2007）「女子教育への国際教育協力―イエメンのケース・スタディから」山内乾史編著『開発と教育協力の社会学』ミネルヴァ書房

小川啓一（2006）「イエメンにおける教育協力―日本の ODA への提言」山内乾史・杉本均編著『現代アジアの教育計画（下巻）』学文社

桜井愛子（2007）「女子教育への国際教育協力―イエメンのケース・スタディから」山内乾史編著『開発と教育協力の社会学』ミネルヴァ書房

第9章

キルギス共和国の教育計画
—教育開発戦略とその課題—

1　はじめに

　アジアと欧州，ロシアと中東を結ぶ地政学的に重要な地域に位置するキルギス共和国（以下，キルギス）は，約570万人の人口を有し，イスラム教スンナ派が多数を占める．人口の7割以上をキルギス人が占めるが，ウズベク人，ロシア人，その他の複数の民族で構成される多民族国家である．国連開発計画（UNDP）の人間開発指数（Human Development Index）は，187カ国中125位，一人当たり国民総所得（GNI）は3,080ドル（2013）で，旧ソ連諸国の中では，タジキスタンに次ぐ貧困国である（表9-1）．しかしながら他の中央アジア諸国同様識字率は高く，99%を超す．

　キルギスは，1991年に旧ソビエト連邦（以下，旧ソ連）からの独立を果たし，独立国家共同体（CIS）に加盟した．旧ソ連諸国の中でいち早く民主化および市場経済化を軸とした改革路線に方向転換し，翌1992年には国際連合へ，1998年には世界貿易機関（WTO）への加盟を果たした[1]．こうした国家の積極的な改革路線は，西欧諸国から優等生という評価を受けることにつながったが，キルギスを含む中央アジア諸国は，バルト三国やコーカサス諸国のように独立を熱望する運度を背景に建国に至ったわけではなく，旧ソ連の解体によって受け身的に独立に至った側面が強く，民主化，市場経済化を掲げてはいたものの，

明確な国家運営のビジョンがあったわけではなかった[2]. 新しい国家運営は困難を伴い, 安定した経済発展を遂げることができないままであった. 旧ソ連時代に構築された, 運輸・電力・ガス・水道等の経済インフラや社会サービス, 公共施設は, 独立以降, その管理を担ってきたロシア人技術者のロシアへの帰郷や, その維持のための資金不足から, 老朽化が進んでいった[3]. また, 資源に乏しく経済成長の原動力となる国内産業が育たなかった. 急速な改革路線は, 国内における格差を拡大させ, 経済の不安定, 南北の部族間の対立, 政治不信を引き起こした. それが背景となり, 2005 年および 2010 年には市民革命が起き, 二度政権が転覆している. 2011 年 10 月に大統領選挙が実施され, 議会の権限を強化した新たな憲法に基づく政治体制を支持するアタムバエフ大統領の下, 民主化が進められている. 今後国家が政治的に安定し, 持続的な経済発展を遂げるために, 人的資源開発は重要な役割を担うであろう.

本章では, キルギスにおける教育計画について取り上げる. まずはキルギスの教育システム全体について把握し, その次に, キルギスの国家戦略と教育開発の関係についても議論をする. 教育のアクセス, 内部効率性, 質, 教育財政の観点からキルギスの教育セクターの現状と課題について触れる. 最後に教育開発におけるオーナーシップ（主体性）の問題点についても考える.

表 9-1　人的資源に関わる主な指標

	キルギスタン	カザフスタン	タジキスタン	トルクメニスタン	ウズベキスタン	ヨーロッパ及び中央アジア(途上国に限る)	中所得国
一人当たり国民総所得 (GNI)	3,080	20,680	2,500	12,920	5,290	13,706	9,561
人口（百万人）	5.7	17.0	8.2	5.2	30.2	272.2	4,969.7
識字率（成人）	99.2	99.7	99.7	99.6	99.5	98.1	83.1
人間開発指数順位(187 カ国中)	125	70	133	103	116	N/A	N/A

出所) World Development Indicators

2 キルギスの教育システムの概要

　キルギスの教育制度は旧ソ連時代に構築されたものを基礎としており，権利としての教育を国家が保証するという旧ソ連時代の概念がそのまま受け継がれている．99%を超える識字率や，初等・中等教育の高い就学率，多民族への配慮など，旧ソ連時代の正の遺産を多く継承している．

　キルギスの教育のあり方，教育制度に関しては，キルギス共和国憲法および教育法規に明記されている．教育法規第3条には，「キルギス共和国の市民は，性，民族，言語，社会的・経済的地位，職業の種類と性格，信仰，政治的・宗教的信念，居住地及びその他の状況にかかわりなく教育への権利を有する」と明記されている．同4条には，初等教育と基礎教育の義務制と無償性が記され，「教育のヒューマニズム的性格，民族の文化的富と結びついた全人類的価値の優先，公民意識，労働愛好，愛国主義，法と人間の自由への尊厳の育成」などが掲げられている[4]．

　キルギスの公教育制度は，1年生から4年生までが初等教育（4年間）に属し，同じ教員によって指導が行われる．前期中等教育は，5年生から9年生までの5年間で，教科担任による指導を受ける．1年生から9年生（学齢7歳から15歳）までの9年間が義務教育で，すべての児童が無料で教育を受けられる仕組みとなっている．その後2年間（10年生，11年生）の後期中等教育へと続く．後期中等教育には，普通高校に加えて，職業教育学校がある．職業教育学校には2種類あり，ひとつは，基礎的職業教育と呼ばれるもので，前期中等教育終了後から開始される前期職業教育（VET I），そしてもうひとつは，後期中等教育後にスタートする後期職業教育（VET II）である．高等教育機関に当たるものとして，総合大学やアカデミー，専門大学校，単科大学がある．また，成人専門教育，インフォーマル成人教育なども存在する．就学前教育は生後6カ月から7歳未満の子どもが対象であるが，義務教育ではなく，就学率は依然低いまま

である.

　多民族国家であるため，教授言語に関しても配慮されている．キルギス語だけでなく，ロシア語，ウズベク語，タジク語で授業を行う学校もあり，それぞれの教授言語で作成された教科書が利用されている．しかしながら，大学においては，6割以上でロシア語が教授言語として使用されている．キルギスでは，ロシアやカザフスタンへの出稼ぎ労働者が多く，そういった意味においてもロシア語の習得が重要視されている[5].

　教育行政機関では，教育セクター全体を統括運営し，教育に関わる政策を策定しているのが教育科学省[6]である．教育法規によれば，教育科学省は，公教育各段階の水準を設定，学校長，国立大学の長の任命，国家教育戦略の策定，カリキュラム開発，教員研修，国家試験，高等教育機関の認定，また，国際協力に関して援助機関とのコーディネーションなどの責務を担っている．教育科学省の下にはその付属機関がいくつかあり，たとえば教育課程，カリキュラムを制定しているのは，キルギス教育アカデミーである．地方行政機関には，地域教育局県（Rayon）と市（City）があり，教育政策の実施，教育プロセスの管理，運営，モニタリング，地方教育プログラムの開発など，地域の教育の統括機関としての役割を担っている．地方分権化政策のもと，地方への権限の譲渡が推進されており，地方行政機関には一定の財源が配分されている．

3　キルギスの国家戦略と教育開発

　先述したように，キルギスは，独立後国際社会の一員として国家建設に着手したが，その国家運営は困難を伴った．多民族国家としての方向性，イスラム的伝統，都市と農村，地域間格差，国内産業の未発達，経済の停滞などの問題を抱えていた．国内に数々の問題を抱えながら，どのように国家運営を行うかが課題であった．国際機関など外のアクターからの技術的，財政的支援を受けながらの国家運営でもあったため，支援機関の影響，圧力を強く受けていた．

まず近年の国家計画をみていくと，キルギスは，2007 年に「国家開発戦略 2007-2010」を策定した．それに続き，2009 年には「国家開発戦略 2009-2011」を発表した．しかし，2010 年に発生した市民革命，南部民族衝突によって開発戦略を再考する必要が出てきたことから，2012 年には，新たな国家開発戦略となる「中期国家開発プログラム　2012-2014」を発表した．2013 年には，「持続可能な国家開発戦略 2013-2017」を発表し，開発戦略の優先分野として，経済成長とマクロ経済の安定，ビジネス投資環境の改善，金融セクター開発，戦略的経済分野（農産業，エネルギー，鉱物資源，交通・通信サービス，観光・サービス産業），地方経済の発展が掲げられた．さらに同戦略では，それに寄与する分野として人的資源開発，教育セクター改革の重要性についても言及されている．また，同戦略を実施するための「戦略プログラム 2013-2017」では，教育改革の優先分野として，(1) 教育に関する法規の効率化，(2) 教育のアクセスと質の向上，(3) 国家の持続的発展に結び付く教育が掲げられた．

　キルギスの教育開発の方針は，基本的にはこれら国家開発戦略に基づいて策定されている．2000 年以降の教育開発戦略をみていくと，まず「教育開発戦略 2001－2010」の長期戦略が発表された後，「教育開発戦略 2007-2010」が策定された．さらにそれが改定され，2008-2011 年までがカバーされた．2011 年には 2020 年までの教育開発の長期的ビジョンや目標が明記された「教育戦略 2012-2020」が発表された．「教育戦略 2012-2020」は，就学前教育から高等教育，成人教育，職業教育まで教育課程すべてを取り上げ，キルギスが目指す教育の方向性について言及されている．また，国際的な目標である「ミレニアム開発目標（MDGs）」や「万人のための教育（EFA）目標」達成を目指し，教育セクターにおける分野横断的な優先事項として，教育運営，教育財政，教育システムのモニタリングおよび評価についても取り上げている．2011 年には同教育戦略を実行するための中期的な教育計画，国の中期的教育基本方針が盛り込まれた「中期的教育アクションプラン 2012-2014」が発表された（表9-2）．

　近年の国家教育戦略の特徴は，国際援助機関の支援を受けて推進されている

点である．たとえば，「教育戦略 2012-2020」の策定は，教育のためのグロー
バルパートナーシップ[7] (Global Partnership for Education: GPE) からの支援を
得る指標のひとつであったため，欧州連合 (EU)，世界銀行，ユニセフ，ドイ
ツ国際協力公社 (GIZ)，アジア開発銀行等が財政支援，技術支援を通して策定
に関わった[8]．同戦略の中でも，援助機関からの支援を考慮した教育計画が策
定されていることが言及されており，援助機関の意向が教育戦略に盛り込ま
れていることは容易に想像できる．今後の課題は，このような状況においても，
キルギスがオーナーシップをもって自ら国創りを行い，国の教育開発の方向性
を考えていくことである．

表 9-2　教育開発戦略に基づいた中期的教育基本方針 (2012-2014)

就学前教育	1. 5-6 歳の子どもへの就学準備支援の拡大 2. 公立就学前教育機関のネットワーク維持 3. 就学前教育機関の拡大 4. 公立就学前教育機関のネットワーク拡大
普通教育	1. 基準に沿った普通教育ネットワークの維持 2. 基礎能力アプローチを考慮した教育内容の近代化 3. 5 − 11 年生のための学習補助セットの充実 (70%) 4. 結果志向の教育プロセスにおける新しい教育方法の導入 5. インクルーシブ教育のための環境提供 6. 教育機関における財政・運営自治への移行
前期職業教育	1. 職業訓練学校の近代化，最適化 2. 職業訓練学校の質の向上，労働市場のニーズに合った訓練の保障 3. 教育機関の財政・運営能力の向上 4. 職業教育・訓練へのアクセスの保障 5. 職業教育分野における社会的パートナーシップ強化のための基盤提供
後期職業教育	1. 国家の優先事項と経済戦略に基づいた後期職業教育への構造改革 2. 教員・スタッフの質の向上 3. 後期職業教育促進のための広報
高等専門教育	1. 国家の優先事項と経済戦略に基づいた高等教育への構造改革 2. 高等教育の 2 段階制度への移行 3. 高等教育の質保証枠組みの最適化 4. 高等教育における教員トレーニングシステムの構築
成人教育， 情報教育	1. 成人教育の拡大 2. 労働市場のニーズに対応した人材の育成
運営，モニタリン グ，戦略的計画	1. セクターワイドアプローチをベースとした財政モデルの実施 2. モニタリング，戦略的な計画に基づいた意思決定システム

出所）MoES (2011)

第9章　キルギス共和国の教育計画　　163

4　教育の現状と課題

　次に教育セクターの現状を把握する上で重要な視点である，教育へのアクセスと質の観点からキルギスの教育の現状と課題について把握していこう．

(1) アクセス，教育の内部効率性

　教育セクターを把握する重要な指標のひとつが効率性である．効率性には，内部効率性と外部効率性[9]との2種類があり，教育システム内の効率性をみるのが，内部効率性である．教育システム内で，教育のインプットが，どれだけ効率よくアウトプットを出すか，教育のインプットとアウトプットを比較するものである．何をインプットとみるかによって方法も変わってくるが，ここでは，生徒がどれだけ最終学年へ到達したかを測る指標である残存率をみていく．

　まずは，キルギスの初等，中等教育の純就学率について述べる（表10-3）．初等教育の純就学率は，2005年は，男子88.1%に対し，女子は87.2%である．2007年から2009年にかけて若干の低下がみられたが，2011年には，男子89.1%，女子87.6%と改善が見られた．中等教育の純就学率は2005年は，男女とも80.9%で，2011年には男子80.8%，女子79.9%とほぼ横ばい状態である．男女で比較すると，男子の方が女子に比べて若干指標がよいが，イスラムの影響が強い地域でありながら，女子の就学率が高いのが特徴的である．

　次に，キルギスの初等，中等教育における最終学年への残存率を見ると，他の国々と比較しても高いことがわかる（表9-4）．キルギスの初等教育最終学年の残存率は，男子96.7%，女子97.4%で，中所得国平均，さらに，OECD平均，欧州・中央アジア地域平均よりも高い．前期中等教育に関しては，データの制約上OECD，中所得国平均との比較はできなかったが，欧州・中央アジア地域の平均と比べると，キルギスは男女とも高いことがみてとれる．これらのことから，キルギスの教育の内部効率性は比較的良い状態で，ジェンダーの観点

164

からもアクセスに関しては大きな問題はないといえる.

表 9-3　初等・中等教育における純就学率の推移

（%）

		2005	2006	2007	2008	2009	2010	2011
初等教育純就学率	男子	88.1	89.0	87.1	86.8	86.5	88.1	89.1
	女子	87.2	87.9	86.4	86.3	86.0	86.8	87.6
中等教育純就学率	男子	80.9	81.1	80.8	80.9	79.3	79.3	80.8
	女子	80.9	81.4	81.2	80.9	79.5	78.5	79.9

出所) EdStats

表 9-4　初等・中等教育最終学年への残存率の比較 (2011)

（%）

		キルギス	OECD 平均	中所得国 平均	欧州・中央アジア 地域平均
初等教育最終学年 への残存率	男子	96.7	93.7	76.0	94.9
	女子	97.4	94.6	78.5	95.2
前期中等教育最終学年 への残存率	男子	95.6	N/A	N/A	92.4
	女子	94.4	N/A	N/A	92.3

出所) EdStats

(2) 教育の質

　教育の質を測る指標はさまざまあるが，ここでは教育がどのような成果をもたらしているかを測る指標，生徒の学力評価の結果を述べる．キルギスはOECDが実施している15歳児を対象とする国際学習到達度調査であるPISA[10]（生徒の学習到達度調査）に参加している．その2009年の結果によると，キルギスの成績は読解力，数学的リテラシー，科学的リテラシー3分野とも，参加65カ国中最下位の65位であった．図9-1にあるように，読解力はOECD平均が493点に対し，キルギスは314点，数学的リテラシーはOECD平均496点に対し，331点，科学的リテラシーは，OECD平均501点に対し330点という低さであった．また，たとえば読解力の習熟度レベルに関しては，キルギスの15歳生徒の83パーセントは，PISAのスケールのレベル2（基本的習熟度）に到達していないということが明らかになった．教育のアクセス，内部効率性に関して大きな問題を抱えていないキルギスが，ここまで学力におい

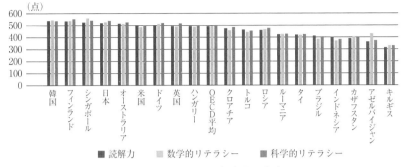

図 9-1　PISA2009 年各国平均点

出所）OECD（2010）をもとに筆者作成

て他国に大差をつけられてしまうのは大きな問題であるといえよう．また，4年生を対象に 2009 年に実施された国内の生徒学力調査によれば，母語，数学，科学の 3 教科において，3 分の 2 の生徒が，基本的事項を習得していないという，こちらも非常にショッキングな結果であった．

さらに，OECD & World Bank（2010）では，キルギスにおける都市と地方の学力の差について指摘している．2006 年 PISA の都心部出身の読解力の平均点が 420 点あったのに対し，地方都市は 389 点，地方の農村部出身の生徒の平均点はさらに下がって，284 点であった．さらに教授言語別にみると，読解力，数学的リテラシー，科学的リテラシー 3 教科すべてにおいて，ロシア語を教授言語とする学校の平均が，キルギス語，ウズベク語を教授言語とする学校の平均を大きく上回っていた．教育の質において，キルギス国内の学力格差の問題が浮き彫りとなった．キルギスにとって，国内の格差を是正し，教育の質を向上させることが引き続き重要な取り組み課題であるといえよう．

5　教育財政

キルギスの国家計画において教育開発が重要視されているのはわかるが，実

際キルギスはどれくらい教育投資に国家予算を割いているのだろうか．国が国家開発計画の中で教育をどのように位置づけ，どのような教育政策を展開しているか，教育財政分析を通して説明する．表9-5はキルギスの教育支出の推移を示したものである．国の全支出に対する教育支出の割合は，国の政府全体の予算の中で，どの程度教育予算が占めているかを推し測る指標である．政府予算に占める教育費は近年は18%程度である．ちなみに同じ中央アジアのカザフスタンは13.0%，タジキスタンは14.6%，東ヨーロッパのアルメニアは12.6%，エストニアは12.3%と他の国々と比較しても高い．これらの比較から，キルギス政府の教育へのコミットメントの高さが推測できるであろう．

教育支出の対GDP比は，同様に，政府の教育への努力の度合いを測る指標であるが，2005年は4.9%だったが，2011年には6.8%に増加している．図9-2は，各国の経済規模と教育支出の対GDP比の関係を示しているが，キル

表9-5　キルギスの教育支出の推移

	2005	2006	2007	2008	2009	2010	2011
教育支出の対GDP比率	4.9	5.5	6.5	5.9	6.2	5.8	6.8
全政府支出に対する教育支出の割合	N/A	N/A	N/A	N/A	18.7	16.0	18.7

出所）EdStats

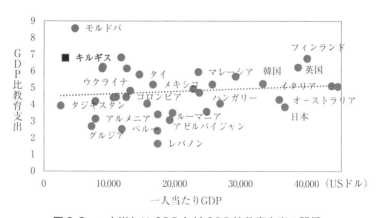

図9-2　一人当たりGDPと対GDP比教育支出の関係

出所）EdStats

ギスの教育支出の対 GDP 比は，たとえばマレーシア (5.9%)，韓国 (5.2%)，日本 (3.9%)，英国 (6.2%) よりも高い．この図からも，国家開発計画上，教育開発がきわめて重要視されていることは明らかである．しかし，これまでの分析から，キルギスの場合，多くの予算を教育に投入しているにもかかわらず，それが有効な成果，生徒の学力向上には結びついていないことが示唆され，教育予算をいかに効率的，効果的に成果に結び付けていくかが，今後キルギスにおける教育開発の大きな挑戦であるといえる．

　次に，教育課程別教育支出を分析する．図 9-3 は，教育課程別教育支出の対 GDP 比率を示したものである．これをみると，初等・中等教育がもっとも高く，2011 年には対 GDP 比 4% が初等・中等教育に向けられている．次いで，高等教育 1.1%，就学前教育 0.6%，職業教育 0.3% の順になっている．さらに表 10-6 は，教育課程別の生徒数，教育支出，生徒一人当たりの教育コストを取りあげたものである．これによれば，教育支出の 54% が初等・中等教育へ配分されているが，全体の 7 割の生徒数が同課程に在籍していることがわかる．前期職業教育は，2% の生徒が在籍しているのに対し，教育支出の比率は 4% である．後期職業教育は，3% の生徒に対して，教育支出は全体の 2%．高等教育は，15% の生徒に対し，17% の教育支出となっている．また就学前教育は，4% の生徒数に対し，教育支出は 6% となっている．生徒一人当たりの教育支出を見ると，初等・中等教育の生徒一人当たりのコストは 4,121 キルギスソムであるのに対し，就学前教育は 2.1 倍の 8,854 キルギスソム，高等教育は 1.5 倍の 6,315 キルギスソムとなっている．また，後期職業教育の生徒一人当たりのコストは 1.2 倍の 4,952 キルギスソムであるのに対し，前期職業教育は 3 倍の 12,333 キルギスソムである．各教育課程の生徒一人当たりのコストを比べると，就業前教育及び前期職業教育の生徒一人当たりのコストが，他の教育課程に比べてぐんと高いことがわかる．一般的に就学前教育は生徒教員比率が低く，生徒一人当たりのコストは初等・中等教育と比べると高い．職業教育も専門の機材が必要であり，生徒一人当たりのコストは高いのが一般的であるが，前期職

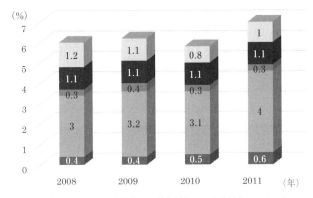

図 9-3 教育課程別教育支出（対 GDP 比教育支出）
出所) World Bank (2014), p.11

表 9-6 教育課程別生徒数，一人当たりコストの比較

	生徒数	比率 (％)	教育支出 (キルギスソム)	比率 (％)	生徒一人当たり教育 支出(キルギスソム)	初等・中等教育 に対する比率
就学前教育	59,156	4	523,767,224	6	8,854	2.1
初等・中等教育	1,095,242	70	4,513,492,282	54	4,121	1.0
前期職業教育	25,525	2	314,799,825	4	12,333	3.0
後期職業教育	40,086	3	198,505,872	2	4,952	1.2
高等教育	225,577	15	1,424,518,755	17	6,315	1.5

注) 数値は 2007 年
出所) OECD and World Bank (2010), p.54 をもとに筆者作成

業教育の生徒一人当たりのコストが後期職業教育のそれと比べて 2 倍以上しているのは，バランスが悪く，効率的な支出配分について見直す必要があると思われる．

次に地域ごとの生徒一人当たりの教育支出について述べる．図 9-4 は，地域ごとの生徒一人当たりの教育支出と PISA の読解力スコアの関係を示したものである．この図から，総じて都市部が農村部に比べて PISA のスコアが高いのがみてとれる．しかし，生徒一人当たりの教育支出（普通教育）をみると，学力の低い地域，高い地域，都市部，農村部への配分に特に顕著な傾向はない．

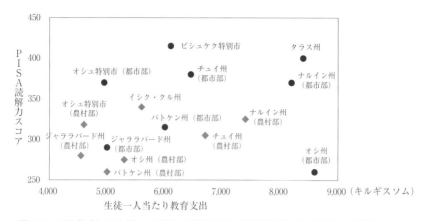

図 9-4　地域ごとの生徒一人当たり教育支出（普通教育）とPISAの読解力スコア
注）●は都市部，◆は農村部を示す
出所）World Bank (2014), p.14

国内の学力格差が克服すべき問題であるならば，より支援の必要な農村部の学力の低い地域に集中して資金を投入すべきである．

次に，児童生徒の経済的階層別の教育支出について述べる．図 9-5 は，階層別教育支出シェアを教育課程ごとに表示したものである．第 1 階層が最貧困層，

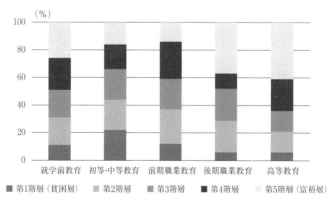

図 9-5　各教育課程の階層別教育支出シェア
出所）World Bank (2014), p.15

170

第5階層が富裕層となっている。教育投資の便益が，児童生徒の経済的バック
グラウンドにかかわらず，平等に分配されていることが望ましい。図9-5をみ
ると，初等・中等教育においては，教育支出が各階層にほぼ平等に分配されて
いることがわかる。一方，就学前教育，後期職業教育，高等教育においては，
便益が富裕層に集中し，貧困層への分配が低いことがみてとれる。教育の便益
がすべての階層に平等に分配されることが理想であり，初等・中等教育以外の
教育課程において，改善の余地があることがわかる。

6　教育戦略とオーナーシップ

　キルギスの教育セクターは，外からの支援に支えられており，教育政策や戦
略の策定に際し，援助機関の意向や戦略に影響を受けていることは先述したと
おりである。教育政策を大きく規定するのは国内の要因とともに，キルギスを
支援する援助機関の援助基準[11]やグローバルな援助潮流であるといっても過
言ではない。

　キルギスの教育政策が，援助基準やグローバルな援助潮流の影響を受けてい
るひとつの例が，さまざまな学力評価の導入と国際的学力評価スキームへの参
加である。近年途上国で，教育システムの成熟度を測る指標のひとつとして，
さまざまな援助機関の主導により学力評価の導入が推し進められている。キル
ギスでは，2001年にアメリカン大学中央アジア校の創設者で改革派のカミラ・
シャルシェケワが教育相に就任し，不正の撲滅，透明性の確保，個人の公平な
能力に基づく成果主義教育に転換する改革が実施された。その改革の象徴のひ
とつが大学入学共通テストの導入であった。これまでそれぞれの大学ごとに試
験が実施されていたために横行していた賄賂・不正を一掃するのが目的であっ
た。そこで支援に乗り出したのが，アメリカ合衆国国際開発庁（USAID）であ
った。USAIDの支援のもと大学入学共通テストが導入され，現在は大学受験
生全員に課される共通テストとなっている[12]。さらに，USAIDは近年低学年

読解能力テスト（Early Grade Reading Assessment：EGRA）の導入支援も行っている．

　また，世界銀行は，2008 年にロシアからの 3,200 万ドルの信託基金をもとにロシア教育開発援助プログラム（Russia Education Aid for Development Trust Fund：READ）を設立し，キルギスを含む 7 カ国（キルギス，タジキスタン，ベトナム，エチオピア，アンゴラ，ザンビア，モザンビーク）に対して学力評価制度の充実・活用向上を目的とした支援を行っている．この信託基金は，主にキルギスの PISA への参加費用，結果分析費用として使用された．ここで特筆すべきは，学力評価導入に際してのキルギスのオーナーシップ（主体性）の欠如である．OECD & World Bank（2010）や，Bloem（2013）で指摘されているように，本来 PISA 参加国は準備段階において，OECD が主催する実行委員会や研修ワークショップに参加することが期待されているが，キルギスはこれらの委員会やワークショップには一切参加しなかった．こういった受動的態度をみると，当事国がオーナーシップをもって PISA に参加していたとは思い難い．国内の人的・財政的制約から外からの支援を受けつつ，国の教育システムを改善しようとする姿勢に問題があるわけではない．ただそこに当事国の強い意識やオーナーシップがみられないのは非常に残念なことである．オーナーシップの欠如の要因として，教育科学省に教育セクターを分析する能力，また，教育計画を整備する能力が不十分である点が指摘されている．今後キルギスが主体的に教育開発計画をリードしていくためにも，教育科学省内の人材開発への支援が必要であろう．

　2012 年にユネスコ統計研究所（UNESCO Institute for Statistics：UIS）とブルッキングス研究所が共同で「ラーニング測定基準タスクフォース（Learning Metrics Task Force：LMTF）」を立ち上げた．同タスクフォースは途上国の評価システムの強化と評価データの活用の促進を目的としており，タスクフォースの最初の取り組みとして，15 の国または都市[13] を選定し重点的に支援を行うと発表した．キルギスは中央アジア・東ヨーロッパ地域から唯一選ばれてい

る．具体的な取り組みはこれからのようであるが，同タスクフォースがキルギスの人材開発，オーナーシップを支援し，より主体性を伴った教育計画の立案や実行に貢献することを期待したい．

7 おわりに

本章では，キルギスの教育計画について紹介し，教育の現状や課題について議論してきた．ここではキルギス教育セクターの一側面を取り上げたにすぎないが，キルギスがどのように教育戦略を策定し，どのような教育投資を行っているか理解していただけたであろう．キルギスは国家計画の中で人的資源開発を重要視し，他国に抜きん出て，多くの予算を教育支援に充てている．しかしながら，その教育投資が有効な教育の成果，生徒の学力の向上に結びついていないのは非常に残念である．教育の質の向上，さらに国内の学力格差の是正は，今後キルギスが克服すべき課題である．

キルギスは援助機関やグローバルな教育援助潮流の影響を大いに受けながら教育政策を策定・実施している．さまざまな学力評価の導入，国際的学力評価スキームへの参加はその顕著な例である．キルギスの抱える問題を解決していくためにも外部からの支援は必要だと考えられるが，このような状況においても，キルギス自らが主体性をもって，国の目指すべき教育の方向性を定めていくことが重要である．キルギス政府の人材開発が促され，より主体性を伴った教育計画が立案，実行されることを期待したい．

注）
1) 外務省国別データブック「キルギス共和国」http://www.mofa.go.jp/mofaj/gaiko/oda/shiryo/kuni/13_databook/pdfs/03-03.pdf（2015 年 3 月 25 日アクセス）
2) 嶺井明子・川野辺敏編（2012）『中央アジアの教育とグローバリズム』東信堂, p.225.
3) 大倉忠人（2013）「キルギス人の経済観形成に係る一考察―キルギス民族の歴史

から」『公共政策志林』第 1 号，pp.122-133.

4)　関啓子（2012）p.42.

5)　関啓子（2012）p.46.

6)　ただし就学前幼児教育や職業教育セクターの運営は教育科学省の管轄外となっている.

7)　旧称「万人のための教育ファスト・トラック・イニシアティブ（EFA-FTI）」.2001 年の G8 ジェノバ・サミットの後に結成された G8 教育タスク・フォースの提言を受け，教育分野のミレニアム開発目標「2015 年までの初等教育の完全普及」の達成に向けた国際的なパートナーシップとして，2002 年世界銀行の主導で設立された.

8)　詳しくは，Global Partnership for Education（2010），*Kyrgyzstan: Aid Effectiveness in the Education Sector 2010.* http://www.globalpartnership.org/content/republic-kyrgyzstan-aid-effectiveness-education-sector-2010（2015 年 3 月 25 日 アクセス）

9)　外部効率性は，教育のインプットに対して，それによってそれだけの便益を生み出すことができるかを見る．個人的便益と社会的便益があり，費用便益分析によって導き出すことができる.

10)　OECD が実施する 15 歳児を対象とする学習到達度調査．正式名は Programme for International Student Assessment．読解力，数学的リテラシー，科学的リテラシーの 3 分野について調査している．3 年ごとに実施されているが，キルギスが最後に参加した 2009 年 PISA は，65 カ国・地域（OECD 加盟国 34，非加盟国・地域 31），約 47 万人の生徒を対象に調査が行われた.

11)　嶺井明子・川野辺敏編（2012）『中央アジアの教育とグローバリズム』東信堂，p.ii.

12)　福田誠治（2012）p.217-220，松永裕二（2012）pp.179-180.

13)　同タスクフォースの発表によれば，現在制定されている 15 の国・都市は，キルギス，ボゴタ（コロンビア），ボツワナ，ブエノスアイレス（アルゼンチン），エチオピア，ケニア，パキスタン，ネパール，パレスチナ，ルワンダ，セネガル，スーダン，チュニジア，ザンビアに加え先進国からオンタリオ（カナダ）.

引用・参考文献

Bloem, S.（2013）"PISA in Low and Middle Income Countries", *OECD Education Working Papers* 93, OECD Publishing.

Government of the Kyrgyz Republic（2013）*The Kyrgyz Republic Sustainable Development Program 2013-2017*, Government of the Kyrgyz Republic.

Ministry of Education and Science（2006）*Education Development Strategy of the*

Kyrgyz Republic (2007-2010), Government of the Kyrgyz Republic.

Ministry of Education and Science (2011) *Education Development Strategy of the Kyrgyz Republic for 2012-2020*, Government of the Kyrgyz Republic.

Ministry of Education and Science (2011) *Action Plan 2012-2014 for the implementation of the Education Development Strategy of the Kyrgyz Republic 2012 – 2020*. Government of the Kyrgyz Republic.

OECD (2010) *PISA 2009 Results : Executive Summary*, OECD Publishing.

OECD and World Bank (2010) *Kyrgyz Republic 2010 : Lessons from PISA*, OECD Publishing.

UNDP (2014) *Human Development Report 2014 Sustaining Human Progress : Reducing Vulnerabilities and Building Resilience*, UNDP.

World Bank (2014) *Kyrgyz Republic Public Expenditure Review Policy Notes : Education*, World Bank.

大倉忠人 (2013)「キルギス人の経済観形成に係る一考察—キルギス民族の歴史から」『公共政策志林』第 1 号, pp.127-142.

外務省国別データブック「キルギス共和国」
http://www.mofa.go.jp/mofaj/gaiko/oda/shiryo/kuni/13_databook/pdfs/03-03.pdf
(2015 年 3 月 25 日アクセス)

関啓子 (2012)「キルギス共和国 模索が続く国づくりと人づくり」嶺井明子・川野辺敏編『中央アジアの教育とグローバリズム』東信堂

福田誠治 (2012)「教育戦略のグローバリズム」嶺井明子・川野辺敏編『中央アジアの教育とグローバリズム』東信堂

松永裕二 (2012)「高等教育における公正性確保と質保証—不正行為対策に焦点を絞って：キルギス」嶺井明子・川野辺敏編『中央アジアの教育とグローバリズム』東信堂

欧 文 索 引

A

ASEAN 41

B

BEDS（Basic Education Development Strategy） 142, 144, 152
BEDP（Basic Education Development Project） 145, 148
BEEP（Basic Education Expansion Project） 145
Bhutan Vision, 2020 10
BRIDGE（Broadening Regional Initiative for Developing Girl's Education） 147, 148

C

CBS（Centre for Bhutan Studies） 12
CBSE 30, 31, 37
CCT（Conditional Cash Transfer） 147, 150
Child Friendly School 58, 149

E

Early Grade Reading Assessment : EGRA 171
ear'oles 111, 116
Education of All 10
Education Standards and Quality Assurance Center 57
EFA 25, 54, 141, 154
EFA-FTI 173
EFA NPA 55, 56
EGRA（Early Grande Reading Approach） 150
ESQAC 57, 58, 60
Eleventh Five Year Plan, 2013-2018 1, 3
EU 162

F

First 5-Year Development Plan 146
FTI（Fast Track Initiative） 59, 45, 146

G

G8 145, 173

GDP 5, 11, 89, 94, 166, 167
General Secondary Education Strategy 142
GIZ 162
GNH 10-12, 14-17
GNH Index 12, 14, 17, 18
GNH Policy and Project Screening Tool 12
GNH Progress Wheel 18
GNI 157
GNP 87
GPE（Global Partnership for Education） 145, 162
GPI（Gender Parity Index） 3

H

HSS 8
Human Development Index 157

I

ICT 32
IMF 89
ISO9001 52

J

JICA 58, 147, 148
Jigme Khesar Namgyel Wangchuck 1, 2
Jigme Singye Wangchuck 2, 10

L

lad's 115
LMTF（Learning Metrics Task Force） 171

M

Martin Seligman 15
MDGs 54-56, 58, 140, 161
MOOC 38
MOOCs（Massive Open Online Courses） 33

N

NAPE（New Approach to Primary Education） 2

National Institute of Education　8
National Institution for Transforming India,
　NITI Aayog　23, 24
National Strategy for the Development of
　Higher Education in Yemen　143

O

OECD　25, 110, 163-165, 171, 173
omniscience　19

P

PGCE　9
PISA　164, 165, 168, 169, 171
PPP (Public-Private Partnership)　24
PTC　9

R

READ (Russia Education Aid for
　Development Trust Fund)　171
Royal University of Bhutan　9
RTE 法 (The Right of Children to Free and
　Compulsory Education Act)　26, 30

S

SDGs　58
Sector Wide Approach　145
Skill Development Fund　151
Sociai Fund for Development　146

T

Tashi Zangmo　7
Tashi Wangyal　19
Technical Education and Vocational
　Training Strategic Development Plan
　143
The Constitution of the Kingdom of Bhutan
　1, 2, 11
they　116
TIMSS (Trends in International
　Mathematics and Science Study)　149

U

UIS (UNESCO Institute for Statistics)
　171
UNDP　140, 157
USAID　150, 170

W

we　116
WFP　147
Whole School Approach　14, 17, 18
Whole School Improvement　148
World Bank　165, 171
WTO　93, 157

Z

ZTC　9

和 文 索 引

あ　行

愛国主義教育　71
愛国心教育　17
アカデミック・スタッフ・カレッジ　38
アクションプラン　36
アクティブ・ラーニング　108, 109
アジア　157
アジア開発銀行　162
アジア経済危機　89
アセスメント・ツール　18
アゼルバイジャン　166
アタムバエフ大統領　158
アメリカ　15, 29, 36, 87
アメリカ合衆国国際開発庁　170

アメリカン大学中央アジア校　170
アラブの春　140, 153, 155
アルゼンチン　173
アルメニア　166
アンゴラ　171
イエメン共和国　140-142, 145, 146, 149,
　152-155
イエメン戦略ビジョン 2025　141
イギリス　23, 145, 150
生きる力　109
いじめ　109
イスラーム学校　48
イスラム教　40
イスラム教スンナ派　157
イスラーム高校　48

索　引　177

イスラム的伝統　160
イタリア　110, 166
一般学校　48
一般高校　48
イノベーション大学　38
以法治国　66
李明博　102
e-モニタリング　29
インクルーシブ教育　30, 162
因材施教　76
インド　1, 2, 6, 23-30, 32-35, 37, 38, 40
インド系ディアスポラ　34
インド工科大学　33
インド人　2
インド人民党　23
インド政府　1, 37
インドネシア　40, 41, 47, 49, 50, 53, 54, 60
ウクライナ　166
ウズベク語　160, 165
ウズベク人　157
英語　7
英国　2, 111, 166, 167
エジプト　153
エストニア　166, 171, 173
エリート教育　29
エリート段階　32, 33, 94
欧州　157
欧州・中央アジア　163
欧州連合　162
大阪外国語大学　138
大阪大学　134-138
お受験　109, 111, 113, 114, 121-123
オーストラリア　166
オーナーシップ　55, 159, 162, 170-172
オランダ　145, 150
俺たち　116
温家宝　73
オンライン教育　32, 33, 38

か　行

カースト　32
階級闘争　66
外国語科　108
科学技術処　86
科学技術情報通信部　86
科学技術部　96
科学技術立国　86
科学・教育指導グループ会議　73
科学的発展観　74

科学的リテラシー　25, 36, 164, 165, 173
科教興国戦略　74
学士号　19
学習・教授活動　85
学習指導要領　108, 109
学習成果 (ラーニング・アウトカム)　24, 35
学習到達度テスト　57
学力獲得戦略　111
学力の二極化　111
学力評価制度　171
カザフスタン　160, 166
片岡栄美　110, 121, 122
価値教育　15-17
カナダ　173
ガバナンス　24, 26, 27, 31, 35
カミラ・シャルシェケワ　170
カリキュラム・フレームワーク (2007)　17
苅谷剛彦　114
カルマ・ウラ　14, 15
漢江の奇跡　88
韓国　86, 87, 89, 103, 104, 166, 167
韓国教育開発院　88, 105
韓国経営者総連盟　97
韓国労組　97
カンボジア　40
官民連携　24
カンルン　9
企画財政部　86
技術開発基金　151
偽造エリート (層)　116-119, 121
基礎教育　49, 70, 93, 140-142, 144, 145, 148-152, 159
基礎教育開発戦略　142, 144, 152
基礎教育開発プロジェクト　145, 148
喜多村和之　126, 128
義務教育　41, 42, 47, 69, 74, 75, 77
金泳三　88
金大中　89, 96
キャパシティービルディング　149
旧ソ連　158, 159
教育改革委員会　88
教育開発戦略　162
教育開発戦略枠組み　55
教育科学技術部　102, 105
教育科学省　160, 171, 173
教育学士号 (B.Ed.)　8
教育学修士 (M.Ed.)　8

教育カレッジ　8, 9
教育関連省　153, 154
教育計画要綱　73
教育計画要綱作業グループ　73
教育現状報告書　153
教育質保証機関　50
教育省　141, 144
教育人的資源部（長官）　90, 91, 96-98, 102
教育スポーツ省　59
教育セクター開発計画 2011-2015　55, 56
教育セクター開発計画 2016-2020　55, 56
教育戦略 2012-2020　161, 162
教育体制の改革に関する決定（1985 年決定）
　67, 68, 78
教育の市場化　114
教育の質保証センター　57
教育のためのグローバルパートナーシップ
　162
教育のための国際パートナーシップ　145
教育発展計画　88
教育発展 5 カ年計画　85
教育部　86, 89, 90
教育プロバイダー　28, 37
教育文化省　48
教員・大学教員法　49, 53
教員と教育に関する国家ミッション　34
教員免許研修　50, 53
共産党　41
教授・学習センター　34
教授―学習プロセス　26, 31
京都大学　134-137
キリスト教　40
キルギス教育アカデミー　160
キルギス共和国（憲法）　157-166, 170-173
キルギス語　160, 165
キルギス人　157
クエンセル誌　7
グジャラート州　37
グリーン・スクール（物理環境面と社会心理
　面）　18
グルジア　166
郡教育スポーツ事務所　54, 59
計画国際協力省　141, 153
経済開発 5 カ年計画　85
経済企画院　86
経済特区　67
継続的・包括的評価　30
ケニア　173
研究とイノベーションのための大学法　34

県教育スポーツ局　54, 59
言語文化学院　2
言語文化カレッジ　9
現職教員学士研修　50
合計特殊出生率　112, 113
江沢民　68
高等教育科学研究省　141
高等教育研究センター　34
高等教育戦略　143
高等教育のユニバーサル化　104
高等教育プロジェクト　150, 151
神戸商船大学　138
神戸大学　126, 128-132, 134-138
公務員省　141, 147, 153
効率・便益　72
5 カ年計画　141
胡錦濤　73
国王親政　2
国語教員免許　9
国際援助機関　10, 161
国際 ODA 二国間援助総額　5
国際協力機構　147, 148
国際水準学校　52, 54
国際数学・理科教育同行調査　149
国際理解　109
国際理解教育　93
国際連合　157
国防部　96
国民総幸福　10, 11, 15, 16
国民総所得　157
国民総生産（額）　11, 72
国務院　68, 78
国務院教育活動検討グループ　68
国務院常務会議　68
国務総理　86
国立教育学院　8
国連開発計画　140, 157
国家インド革新委員会　35, 36
国家インド変革委員会 23, 24
国家開発戦略 2007-2010　161
国家開発戦略 2009-2011　161
国家カリキュラム　99
国家教育委員会　68
国家教育基準　50
国家教育システム改革戦略　55-57
国家計画委員会　23, 35
国家研究院　46
国家高等教育政策 (2010)　13
国家再建最高会議副議長および議長　105

索引 179

国家人的資源委員会　97, 102
国家人的資源開発基本計画（第 1 次国家人的資源開発基本計画）　84, 88-91, 94-97, 103
国家成長貧困撲滅戦略　55
国家中長期教育改革・発展計画要綱（2010-2020 年）（2010 年要綱）　67, 72, 73, 78-81
国家中等教育運動（ラシュトリヤ・マーディアミック・シクシャ・アビヤーン）　30
国家長期計画（10 年）　55
国家発展のためのグローバル化・情報化に対応する人材の養成　89
国家保健政策（2012）　13
コミュニティー・カレッジ構想　33
コロンビア　166, 173
コンピテンシー　50

さ 行

財政経済部　96
才能学校　45
才能教育　91, 102
財務省　141, 144, 147, 153
サテライトキャンパス形式　9
悟りの境地　19
サムチ　8, 9
サルヴァ・シクシャ・アビヤーン　25
サレハ大統領　153
サワナケート県　55
山岳地帯　59
山岳民族　56
サンタクララ大学の瞑想センター　15
3 年間のディプロマ課程（D3）　50
「三農」問題　76, 82
ザンビア　171, 173
ジェンダー格差指数　3
識字と成人教育戦略　144
ジグメ・ケサル・ナムゲル・ワンチュック　1, 2
ジグメ・シンゲ・ワンチュック　2, 10
市場原理主義　110
持続可能な開発目標　58
持続可能な国家開発戦略 2013-2017　161
自尊感情　112
児童中心型・活動中心型カリキュラム　2
師範大学　42
師範短大　42
志水宏吉　123
市民教育　93
シムトカ　9

社会経済発展戦略 2011-2020 年　44
社会主義現代化建設　69
社会主義現代教育　74
社会主義市場経済　66
社会主義市場経済体制　69, 70
社会主義精神文明建設　71
社会的排除　110
社会労働省　141
ジャカルタ　51, 52
ジャワ島　49
ジャワハルラル・ネルー　23
秀越性教育　99
就学前教育　29, 49, 74, 75, 144, 167, 168
就学率　42
宗教省　48
集団主義教育　71
重点学校　45
重点大学　46
主権者教育　108
生涯獲得賃金　110
生涯教育体系　74
障害児（者）　32, 70
条件付補助金制度　147
少数民族　46, 55
少数民族教育　70, 76, 79
消費者教育　108
情報通信部　96
職業イスラーム高校　48
職業訓練教育戦略　143
職業訓練校　42
職業訓練省　141
職業訓練プロジェクト　150
職業高校　48
触媒基金　145
植民地化　40
女性家族部　96
初等教育免許　9
私立ディプロマ教育機関　38
進学エリート（層）　116-119, 121
シンガポール　40
シンガポール教育省　13
新計画期間（1986 ～ 1992）　128
人材強国戦略　74
新自由主義　110
人的資源開発　96, 103
人的資源開発会議　89, 91, 97, 102
人的資源開発基本法　89, 102
人的資源開発計画　95, 96, 103, 104
人的資源開発政策　90, 100, 102

人的資源開発政策本部　97, 102
人的資源革新本部　97
人的資源強国　90, 97
人民政治協商会議　73
数学的リテラシー　25, 36, 164, 165, 173
スーダン　173
スリランカ　6, 10
スワップ　145
正解主義　108, 109
政治的リーダーシップ　104
青少年スポーツ省　141
政府系学校　37
セイブ・ザ・チルドレン　37
西部大開発　67
世界化・情報化時代を主導する新教育体制の
　樹立のための教育改革方案（5・31教育改
　革法案）　88
世界銀行　32, 59, 73, 145, 150, 162, 171,
　173
世界食糧計画　147
世界大学ランキング　33
世界貿易機関　157
セクターワイドアプローチ　162
セネガル　173
1992年前憲法　43
1998年教育法　43
全国学習到達度調査　37
全国経済人連合会　97
センター・オブ・エクセレンス　38
専門職　49
専門職手当　50
戦略ビジョン2025　152
戦略プログラム2013-2017　161
総合的教育開発ビジョン　152
総体的学校アプローチ　14, 17, 18
ソウル大学　86
素質教育　82
ソーシャル・サービス・ラーニング　15
ソーシャルファンド　146
卒後ディプローマ　8
ソビエト連邦　23
ゾンカ　12
ゾンカ語　7

た　行

タイ　40, 58, 166
第1次経済開発5カ年計画　85
第1次5カ年計画（1951-1956）　23
第1次5カ年発展計画　1

第1次ベビーブーム　129
大学　45
大学設置審議会　128
大学入学共通テスト　170
大韓商工会議所　97
大韓民国　84, 94
大規模な公開オンライン講座　33
第5次社会経済開発5カ年計画（2001-2005）
　56
第3次経済開発5カ年計画　85
第11次5カ年計画　1, 3
第11次5カ年計画（2007-2012）　31-33,
　38
第10次5カ年計画（2008-2012）　3
第12学年　8
第12次5カ年計画（2012-2017）　23, 24,
　27, 28, 30-36, 38
タイズ州　148
代替再生エネルギー政策（2012）　13
大統領　97, 102, 105, 140
大統領制　40, 104
第7次5カ年計画（1992-1997）　11
第7次国家社会経済開発5カ年計画（2011-
　2015）　55
第2次経済開発5カ年計画　85
第2次国家人的資源開発基本計画　84, 96-
　99, 101, 102
第2次ベビーブーム　129
第2段階頭脳韓国21（Post-BK21）事業
　99
第8回党大会決議（2006年）　55
第8次国家社会経済開発5カ年計画（2016-
　2020）　55, 56
第6次社会経済開発計画5カ年計画（2006-
　2010）　55
ダカール行動枠組み　140
ダカール枠組み　144
タジキスタン　166, 171
タジク語　160
タシ・ザンモ　7
タシ・ワンギャル　19
タミル・ナドゥー州　25, 36
チェーキー語（仏典言語）　7
チベット系　1
チベット仏教　17, 18
チベット仏教系国家　1
地方行政相　141
チャイルド・ファンド・インターナショナル
　37

チャイルドフレンドリー・スクール　149
中央アジア　166, 171
中央教育審議会学校制度小委員会　134
中央政治局会議　73
中央中等教育委員会　30, 37
中華人民共和国　65, 66, 80, 81
中華民族　74
中期国家開発プログラム 2012-2014　161
中期的教育アクションプラン 2012-2014
　161
中級師範学校　42
中級職業学校　42
中国　1, 40
中国教育改革・発展要綱（1993 年要綱）
　67, 68, 72, 78-80
中国共産党　65
中国共産党政治局常務委員会　68
中国共産党第 14 回大会　66
中国共産党第 11 期 3 中全会　66
中小企業協同組合中央会　97
中東　157
中等教育委員会　30
中等教育開発戦略　142
中等教育プロジェクト　150
中部ジャワ州　51
チュニジア　153, 173
チュ・ヘラン　105
長期総合教育計画　84, 85, 88, 103
長期総合教育計画審議会　86
長期総合教育審議会　88
津曲真樹　57
低額私立学校　28
低学年読解能力テスト　171
ティンプー　9
デリー州　37
天安門事件　66, 68
ドイツ　110, 145, 150
ドイツ国際協力公社　162
ドイモイ路線　41
東京工業大学　127
東京大学　110, 134, 138
党政分工　66
党政分離　66
東南アジア　40, 60
東南アジア諸国　61
東南アジア諸国連合　41
徳・知・体　71, 79
徳・知・体・美　79
特別支援学校　46

読解力　25, 164, 165, 168, 169, 173
ドナー　144, 150

な　行

永井道雄　127, 128
名古屋大学　134, 138
ナノテクノロジー　101
21 世紀に向けた教育振興行動計画　72
2005 年教育法　41-44
2005-2025 年国家長期発展計画　48
2005-2025 年長期国家教育発展計画　48
2003 年国民教育制度法　52
2003-2015「EFA 国家行動計画」　55
2003-2007 年教育振興行動計画　73
2010 年，2020 年までの教育戦略構想　55
2015-2019 年教育文化省戦略計画　48, 49,
　52
2015-2019 年国家中期発展計画　48
2013 年憲法　42-44
2012 年高等教育法　42
2010 年，2020 年までの教育戦略構想　55,
　56
2014 年職業教育法　42
2006-2010「第 6 次教育開発 5 カ年計画」
　55, 56
2 年間のディプロマ課程（D2）　50
日本　166, 167
日本教育学会　127
人間開発指数　157
ネパール　5, 6, 37, 173
ネパール系　1
ネパール語　7
能力主義的・競争的価値観　110
能力別学級編成　114
盧武鉉　96, 101, 102

は　行

バイオテクノロジー　99, 101
ハイタレントマンパワー　101, 103
バイリンガル　52
パキスタン　6, 23, 37, 173
朴槿恵　102
朴正熙　84, 85, 105
パートナーシップ　95, 148, 173
ハノイ市　42
パプア州　51, 52
パブリックスクール　2
パレスチナ　173
パロ　8, 9

ハンガリー　166
バングラデシュ　5, 6
阪神・淡路大震災　139
パンチャシラ　47
万人のための教育　140
万人のための教育会議　25, 54
万人のための教育ファスト・トラック・イニ
　シアティブ　173
万人のための教育目標　161
ビエンチャン市　55, 57
東アジア　40
東ティモール　40, 41
東ヌサトゥンガラ州　51
東ヨーロッパ　166, 171
PISA（国際学習到達度調査）　25, 36
ヒマーチャル・プラデーシュ州　25, 36, 37
広島大学　128, 134, 138
ファカルティ・ディベロップメント　33,
　38
ファスト・トラック・イニシアティブ
　145
フィリップ・ブラウン　122
フィリピン　40
フィンランド　166
フィンランド基礎教育法　13
ブエノスアイレス　173
ブータン　1, 2, 4-8, 10-19
ブータン王国　1, 10
ブータン王国憲法　1, 2, 11
ブータン王国大学教育カレッジ　8
ブータン王立大学　9
ブータン学研究所　12
ブータン式教育　2
『ブータン 2020 年の展望』10
ブータン放送公社　7
仏陀　19
普遍的な教育のためのセンター　29
プラタム　25
フランス　54, 110
ブルッキング協会　29
ブルッキングス研究所　171
ブルネイ　40
ブレンド学習　38
プログラミング教育　108
プロバイダー　35
文化観光部　96
文革　66, 67, 80
文化大革命　65
文教再建 5 カ年計画　85

文教部　86, 88
ペアレントクラシー　122
ベトナム　40-45, 60, 171
ベトナム共産党　43, 44
ベトナム国民　46
ペルー　166
保育士　42
包括的学校向上プログラム　148
ボゴタ　173
ホーチミン市　42
ホーチミン思想　43
ほっち席　112
ボツワナ　173
ホデイダ　147
ポートフォリオ　31
ポール・ウィリス　111, 115, 116, 118

ま　行

馬越徹　92, 105
マイノリティー　32
マス段階　32, 33
マーティン・セリグマン　15
「『学び』から逃走した」子どもたち　120
マルクス・レーニン主義　43, 71
マレーシア　40, 58, 167
マンパワー　93, 98-100
マンパワーポリシー　85, 103
3 つの "E"　31, 32
南アジア　40
南アジア諸国　6
南シナ海　41
耳穴っ子　111, 116
耳塚寛明　122
ミャンマー　40
ミレニアム開発目標　54-56, 58, 140, 161
ミレニアム開発目標「2015 年までの初等教
　育の完全普及」　173
民営教育　77
民間教員　72
民主労組　97
無償義務教育　26, 30
無償義務教育に関する子どもの権利法
　（2009）　26
無補助私立高等教育機関　31
メキシコ　166
メディア・リテラシー　16
毛沢東思想　71
モザンビーク　171
モディ　23

索　引　183

モディ政権　36
モルドバ　166
文部大臣　127

や　行

奴ら　116
矢野眞和　110
野郎ども　115
ゆとり教育　109, 111, 119
ユニセフ　58, 147, 162
ユニバーサル段階　94
ユネスコ　73
ユネスコ統計研究所　171
幼稚園教員　42
4 年間の学士課程（SI）　50
4 年間のディプロマ課程（D4）　50

ら　行

ライフスキル　30

ラオス　40, 41, 54, 55, 57-60
ラーニング測定基準タスクフォース　171
ラヘジ・ホデイダ　147
理工カレッジ　9
立憲君主制　1, 2, 40
李鉄映　68
李鵬　68
ルーマニア　166
ルワンダ　173
レバノン　166
労働部　96
ロシア　157, 158, 160, 171
ロシア教育開発援助プログラム　171
ロシア語　160, 165
ロシア人　157, 158

わ　行

和諧社会（調和）社会　67
ワシントン DC　29

編著者紹介

山内乾史 (やまのうち・けんし)

1963 年大阪府生まれ

神戸大学大学教育推進機構／大学院国際協力研究科教授, 博士 (学術)(神戸大学)

専　門　教育計画論, 比較教育学, 高等教育論

主　著　『比較教育社会学へのイマージュ』(共編著, 学文社, 2016 年)
　　　　『学修支援と高等教育の質保証 (Ⅱ)』(共編著, 学文社, 2016 年)

杉本均 (すぎもと・ひとし)

1958 年静岡県生まれ

京都大学大学院教育学研究科教授, Ph.D. (レディング大学)

専　門　比較教育学

主　著　『ブータン王国の教育変容—近代化と「幸福」のゆくえ—』(単編著, 岩波書店, 2016 年)
　　　　『比較教育社会学へのイマージュ』(共編著, 学文社, 2016 年)

小川啓一 (おがわ・けいいち)

1966 年栃木県生まれ

神戸大学大学院国際協力研究科教授, Ph.D. (コロンビア大学)

専　門　教育経済学, 教育財政学, 比較国際教育学

主　著　『Ensuring Adequate, Efficient and Equitable Finance in Schools in the Asia-Pacific Region』(共編著, UNESCO Publication, 2017 年)
　　　　『Comparative Analysis on Universal Primary Education Policy and Practice in Sub-Saharan Africa』(共編著, Sense Publishers, 2015 年)

原清治 (はら・きよはる)

1960 年長野県生まれ

佛教大学教育学部教授, 博士 (学術)(神戸大学)

専　門　教育社会学, 比較教育学, 教師教育論

主　著　『比較教育社会学へのイマージュ』(共編著, 学文社, 2016 年)
　　　　『学生の学力と高等教育の質保証 (Ⅱ)』(共編著, 学文社, 2013 年)

近田政博 (ちかだ・まさひろ)

1967 年愛知県生まれ

神戸大学大学教育推進機構／大学院国際協力研究科教授, 博士 (教育学)(名古屋大学)

専　門　比較教育学, 高等教育論

主　著　『シリーズ大学の教授法第 5 巻　研究指導』(単編著, 玉川大学出版部, 2018 年近刊)
　　　　『ベトナム高等教育法』(翻訳,『名古屋高等教育研究』第 14 号, 2014 年, 299-337 頁)

現代アジアの教育計画（補巻）

2017 年 12 月 20 日　第一版第一刷発行

	山　内	乾	史
	杉　本		均
編著者	小　川	啓	一
	原	清	治
	近　田	政	博

発行者　田 中 千 津 子

発行所　㈱ 学 文 社

〒 153-0064　東京都目黒区下目黒 3-6-1
電話（03）3715-1501（代表）　振替　00130-9-98842
http://www.gakubunsha.com

乱丁・落丁は，本社にてお取替え致します．
定価は，カバー，売上カードに表示してあります．

印刷所　新灯印刷
〈検印省略〉

ISBN978-4-7620-2754-3

山内乾史・杉本均 編著

現代アジアの教育計画　上 （第2版）

本体2300円＋税
ISBN978-4-7620-1601-1
C3337　A5判　224頁

基礎理論編では教育計画の思想史及びアジア諸国の教育現場と課題を概観し，ケース・スタディ編では最新の研究報告から各国の教員計画の現状を分析していく。上巻では，南アジア4ヵ国を扱う。

山内乾史・杉本均 編著

現代アジアの教育計画　下

本体3500円＋税
ISBN978-4-7620-1485-7
C3337　A5判　368頁

ケース・スタディ編。西アジア・中央アジア・東アジア・東南アジア21ヵ国の公教育計画の動向・特徴・問題点を綿密に調査。各国における日本の教育支援の可能性も視野に入れた多角的な考察をすすめていく。

山内乾史 著

「学校教育と社会」ノート （第2版）
―教育社会学への誘い―

本体1800円＋税
ISBN978-4-7620-2750-5
C3037　A5判　184頁

教育社会学の視点から学校・大学と社会のかかわりについて分析。一般論を述べると同時に，日本および先進諸国の事例を随時織り交ぜて行う。戦後日本の歴史を見直し，高学歴、エリート、才能教育などについて考察する。